Manfred Berger

Alice Salomon

Alice Salomon (1872-1948) wurde von der Nazi-Diktatur zur Emigration gezwungen und starb 1948 nach elfjährigem Exil vergessen in New York. Sie gilt als Begründerin des sozialen Frauenberufs in Deutschland. 1899 führte sie den ersten professionellen Ausbildungskurs für sozial ehrenamtlich tätige junge Mädchen und Frauen durch. 1908 wurde sie Mitbegründerin und Leiterin der reichsweit ersten interkonfessionellen Sozialen Frauenschule in Berlin. Weitere Aktiviäten folgten.

Alice Salomons Ziel war die Synthese von Frauenbewegung und sozialem Engagement. Zu ihren Verdiensten zählt die Entwicklung der ersten Theorie- und Methodenansätze in der Sozialarbeit.

Manfred Berger ergänzt mit dieser Publikation aktuelle Beiträge zur Professionalisierungsforschung in der Sozialarbeit/-pädagogik wie zur Geschichte der Frauenbewegung.

Manfred Berger, geboren 1944 in München, freiberuflich in der Aus- und Fortbildung sowie Beratung von sozialpädagogischen Fachkräften in Hort, Heim und Kindergarten tätig. Leiter des von ihm mitgegründeten Ida-Seele-Archivs in Dillingen/Donau, das die Geschichte des Kindergartens und der Sozialarbeit/-pädagogik erforscht. – Veröffentlichte über 550 Aufsätze zu Fragen der Kindergartenpädagogik und Sozialarbeit/-pädagogik sowie zahlreiche Bücher. Autor der bei Brandes & Apsel erschienenen Werke *Sexualerziehung im Kindergarten* (5. aktualisierte Auflage), *Frauen in der Geschichte des Kindergartens*, *150 Jahre Kindergarten* (vergr.), *Clara Grunwald* und *Henriette Schrader-Breymann*.

Manfred Berger

Alice Salomon

Pionierin der sozialen Arbeit und der Frauenbewegung

Brandes & Apsel

Auf Wunsch informieren wir Sie regelmäßig über Neuerscheinungen in dem Bereich Psychoanalyse/Psychotherapie – Globalisierung/Politisches Sachbuch/ Afrika – Interkulturelles Sachbuch – Sachbücher/Wissenschaft – Literatur.

Bitte senden Sie uns dafür eine E-Mail an info@brandes-apsel.de
mit Ihrem entsprechenden Interessenschwerpunkt.

Gerne können Sie uns auch Ihre Postadresse übermitteln,
wenn Sie die Zusendung des Gesamtverzeichnisses wünschen.

Außerdem finden Sie unser Gesamtverzeichnis mit aktuellen
Informationen im Internet unter: www.brandes-apsel.de
und unsere E-Books und E-Journals unter: www.brandes-apsel.de

wissen & praxis 76

4. Auflage 2018 (gedrucktes Buch)
1. Auflage 2013 (E-Book)
3. korr. Auflage 2011 (gedrucktes Buch)
1. Auflage 1998 (gedrucktes Buch)

Lektorat: Volkhard Brandes
Fotos: Privatbesitz Manfred Berger/Ida-Seele-Archiv, Dillingen/Donau
Umschlagfoto: Alice Salomon 1914, Alice Salomon Archiv der ASFH Berlin

Bibliografische Information Der Deutschen Nationalbibliothek:
Die Deutsche Nationalbibliothek verzeichnet diese Publikation in der Deutschen Nationalbibliografie; detaillierte bibliografische Daten sind im Internet über www.dnb.de abrufbar

ISBN 978-3-86099-983-7 (E-Book)
ISBN 978-3-86099-276-0 (gedrucktes Buch)

Inhalt

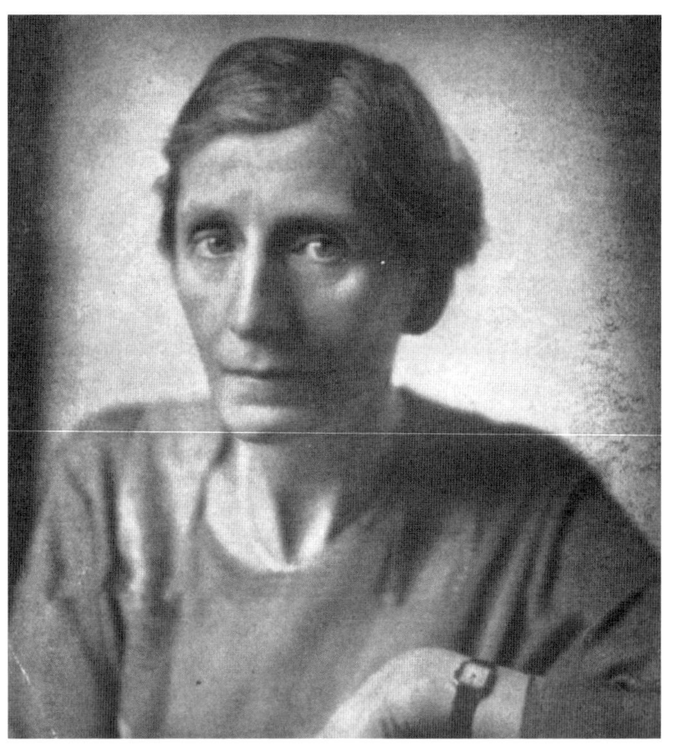

Alice Salomon, um 1928

Vorwort

Nein, sie kann man nicht vergessen, diese sehr besondere Frau! Ich sah Alice Salomon im Juni 1937 zum letzten Mal. Stumm schloß sie mich in ihre Arme. Sie sagte kein Wort. Ich spürte, daß ich diese besondere Frau nie mehr sehen würde. Und so war es auch. Sie, die international bekannte Sozialarbeiterin und Frauenrechtlerin, mußte im Juni 1937 Deutschland verlassen. Alice Salomon war Jüdin. Durch ihre Auswanderung, die Alice über England nach Amerika führte, entging sie dem grausamen Tod in einem der Vernichtungslager der Nazi-Diktatur, ein Weg, den abertausende Menschen jüdischer Abstammung gehen mußten.

Ich sehe Alice Salomon vor mir an jenem letzten Tag in Berlin: blaß, abgemagert und äußerst nervös, trotzdem selbstbewußt und beherrscht und wie immer vornehm gekleidet. Ja, selbstbewußt und beherrscht, so wirkte Alice Salomon auf viele Menschen. Aber ihre Freundschaft hatte auch immer etwas Mütterliches, etwas sorgsam Bewahrendes, ja einfühlsam Mitgehendes. So kannte ich sie seit 1926, als ich ihre Schülerin wurde, und so habe ich Alice heute noch als über 95jährige Frau in Erinnerung.

Es ist nicht übertrieben, Alice Salomon als die Pionierin der sozialen Berufsarbeit zu bezeichnen. Im Jahre 1899 führte sie den ersten Ausbildungskurs für sozial ehrenamtlich tätige Frauen und Mädchen durch. Mit gewissem Recht kann man hier von der Geburtsstunde der sozialen Berufsausbildung in Deutschland sprechen.

Von 1908 bis 1925 leitete Alice Salomon die von ihr in Berlin gegründete Soziale Frauenschule und danach bis 1933 die ebenfalls von ihr gegründete Akademie für soziale und pädagogische Frauenarbeit. Beide Ausbildungsstätten waren weit über die Grenzen der Stadt Berlin hinaus bekannt. Eine ganze Generation junger Mädchen und Frauen, die später als Wohlfahrtspflegerinnen und Fürsorgerinnen in verschiedenen sozialen Einrichtungen tätig wurden, hat unter Alice Salomons starkem und wahrscheinlich einzigartigem Einfluß gestanden.

Mit ihrer sozialen Arbeit untrennbar verbunden ist ihr Engagement für die nationale und internationale Frauenbewegung zwischen den Jahren 1900 und 1933.

Es freut mich außerordentlich, daß Manfred Berger dieser sehr besonderen Frau anläßlich ihres 50. Todestages mit vorliegendem Buch gedenkt, um so dazu beizutragen, Alice Salomon vor dem Vergessenwerden zu bewahren.

Mit Neugierde und Zustimmung, mit Vergnügen aber auch mit Betroffenheit habe ich bei Manfred Berger über das Leben und Wirken meiner verehrten Lehrerin gelesen. Ich denke, so wie mir wird es vielen Leserinnen und Lesern ergehen.

Gräfin Maria von Lütgendorf
Rom, Februar 1997

Einleitung

Alice Salomon war jüdischer Herkunft. Ihr Leben endete zwar nicht – wie das Millionen anderer jüdischer Menschen – in einem Vernichtungslager des NS-Systems, doch wurde sie durch die Nazis »um ihre wohlverdiente Anerkennung und die Früchte ihrer Lebensarbeit« (Fassmann 1996, S. 269) gebracht.

Antisemitische Strebungen waren schon lange vor 1933 vorhanden. Diese verstärkten sich, als in Deutschland die Frauenbewegung zu erblühen begann. So wurde beispielsweise im *Hammer*, einer angeblich »parteilosen Zeitschrift für nationales Leben«, die »jüdische Versippung« innerhalb der deutschen Frauenbewegung immer wieder mit diffamatorischen Worten hervorgehoben:

> Überall in der Frauenbewegung führen Jüdinnen das große Wort. Zu Leipzig steht die Rabbinersgattin Henriette Goldschmidt an der Spitze... Die Jüdin Antia Roser leitet das »Auguste-Schmidt-Haus« (in Leipzig; M.B.) und Fräulein Alice Salomon hält in Frauenvereinen Vorträge über Caritas (Mildtätigkeit). – Ist das nicht köstlich? Nachdem uns die Juden unsere materiellen und geistigen Güter abgenommen haben, halten sie uns Vorträge über Mildtätigkeit! – Mich dünkt, die deutsche Schafsgeduld verdient diesen Spott. (Wage 1913, S. 643)

Aber auch innerhalb des »Bundes Deutscher Frauenvereine« (BDF) hatten antisemitische Tendenzen ihre Auswirkungen auf Alice Salomons Leben und Wirken. Anläßlich der Wahl zur neuen Bundesvorsitzenden im Jahre 1919 wurde sie drastisch eines Besseren belehrt. Schon im Jahre 1914 war die damalige Vorsitzende des BDF, Gertrud Bäumer, der Ansicht, daß sie sich als ihre Nachfolgerin (1.) eine »verheiratete Frau« wünsche und daß es ohne Zweifel (2.) ein »taktischer Vorteil« sei, »wenn es keine Jüdin wäre« (Dürkop 1984, S. 145). Alice Salomon gelang es nicht, jemals offiziell Vorsitzende des BDF zu werden trotz ihres unermüdlichen Engagements in der nationalen und internationalen Frauenbewegung.

Dagegen erreichte sie innerhalb der deutschen Sozialarbeit die Spitzenstellung. Bereits 1899 begann Alice Salomon mit der systematischen professionellen Ausbildung junger Mädchen und Frauen, die sich in ehrenamtlicher (freiwilliger) sozialer Hilfsarbeit engagierten. Damit legte sie den Grundstein für eine berufsmäßig ausgeübte Sozialarbeit. Es folgte die Gründung der ersten überkonfessionellen Sozialen Frauenschule

Lebenslauf

Ich, Alice Salomon, bin am 19. April 1872 als Tochter des Kaufmanns Albert Salomon und seiner Frau Anna, geb. Potocky-Nelken in Berlin geboren und im israelitischen Glauben erzogen. Ich besuchte von Ostern 1878 bis Ostern 1887 die Zimmermannsche höhere Töchterschule und bildete mich dann durch Privatunterricht fort. Ich beschäftigte mich praktisch und theoretisch mit volkswirtschaftlichen, insbesondere sozialpolitischen Fragen.
Auf Grund wissenschaftlicher Arbeiten erhielt ich im Jahr 1902 die Erlaubnis zum Besuch der Universitätsvorlesungen u. hörte seitdem Vorlesungen aus dem Gebiet der Staatswissenschaften, Geschichte und Philosophie bei den Herren Hintze, Jastrow, Lenz, Paulsen, Schmoller, Sering, Simmel, Wagner, Alfred Weber, Menger, Eberstadt. Ich beteiligte mich an den seminaristischen Übungen der Herren Jastrow, Lenz, Schmoller, Sering, Weber, Menger.
Seit mehreren Jahren unterrichte ich am Viktoria-Lyceum, in den Kursen der Gruppen für soziale Hilfsarbeit und an der Handelsschule

der Lettevereins. Seit 1899 leite ich die „Mädchen- u. Frauengruppen für soziale Hilfsarbeit," die der Ausbildung von Frauen für Arbeit in der Wohlfahrtspflege dienen.
Die Promotionsprüfung bestand ich am 5. März 1906.
Meinen verehrten Lehrern spreche ich für die Förderung und Anregung, die sie mir während meiner Studienzeit zu teil werden liessen, meinen aufrichtigen Dank aus. Ganz besonders danke ich Herrn Prof. Sering und Herrn Prof. Weber für das freundliche Interesse, das sie dieser Arbeit geschenkt haben.

Quelle: Archiv der Humboldt-Universität zu Berlin, Phil. Fak. 415

Deutschlands, 1908 in Berlin, deren Leiterin sie bis 1925 war. Noch heute existiert diese als Fachhochschule für Sozialarbeit und Sozialpädagogik, die seit 1993 (wieder) »Alice-Salomon-Fachhochschule« heißt.

Ein weiterer Meilenstein in Alice Salomons Karriere war die im Herbst 1925 in den Räumen der Sozialen Frauenschule erfolgte Gründung einer Frauenhochschule, die »Deutsche Akademie für soziale und pädagogische Frauenarbeit«. Mit dieser Aus- und Fortbildungsstätte fand die »Idee einer höheren spezifisch-weiblichen Bildungsstätte, die immer wieder (verstärkt seit 1848; M.B.) zur Verwirklichung drängte... ihre endliche tatsächliche Erfüllung« (Ries 1927, S. 87). Mit der Hochschule für Frauen vollzog Alice Salomon »die qualitative Anhebung des Professionalisierungsanspruchs für die sozialpädagogische Ausbildung, was sich dann erst endgültig ab 1972 mit der Umwandlung der Höheren Fachschulen für soziale Arbeit in die Fachhochschulen für Sozialarbeit/Sozialpädagogik durchgesetzt hat« (Zeller 1990, S. 225). Folgerichtig wird

Alice Salomon, um 1914

Alice Salomon deshalb als *die* Begründerin des sozialen Frauenberufs in Deutschland gewürdigt.

Bedingt durch ihre internationalen Kontakte, beeinflußte Alice Salomon nicht nur die deutsche Sozialarbeit sondern leistete ebenso einen Beitrag »zur internationalen Dimension der sozialen Arbeit als Beruf« (vgl. Fritsche 1996).

Im Jahre 1932 stand Alice Salomon, trotz zarter Gesundheit, auf dem Höhepunkt ihrer Karriere. Anläßlich ihres 60. Geburtstages erhielt sie beachtenswerte Auszeichnungen und vielfältige Ehrungen, »die andeuten, wie staatserhaltend ihr Lebenswerk gewertet wurde« (Simmel 1981, S. 395). Aber bereits ein Jahr später verlor sie aufgrund ihrer jüdischen Herkunft alle öffentlichen Ämter.

Die Nazis hatten keine Skrupel, die international bekannte Frau zu schikanieren und verwiesen sie 1937 des Landes. Inzwischen 65 Jahre alt, emigrierte Alice Salomon in die USA. Doch sie blieb Deutschland verbunden. Zeitlebens hatte sie sich als Deutsche gefühlt. Als Alice Salomon in den USA von einem berühmten Physiker, wahrscheinlich Albert Einstein, auf ihre erzwungene Emigration mit den Worten »und Sie waren immer so deutsch« angesprochen wurde, reagierte sie bestürzt. In ihrer Autobiographie bemerkte sie dazu:

> Natürlich war ich das. Was hätte ich sonst sein sollen? Deutschland war mein Vaterland. Deutsch meine Muttersprache. Die deutschen Dichter und Philosophen gehörten zu meiner Erziehung, und in der Schule hatte ich jeden Morgen eine der schönen Hymnen Martin Luthers oder Paul Gerhards gesungen. Ich hatte begonnen, für die unterprivilegierte Bevölkerung Deutschlands zu arbeiten, dann für die Arbeiterinnen und die jüngere Generation. Die Landschaft Deutschlands im Frühling mit dem jungen Grün der Bäume und den weißen und rosa Blütenblättern der Obstbäume, die über die Wiesen geweht werden, bedeutet mir mehr als reichste Szenerie irgendeines südlichen Landes. Wahrhaftig, was hätte ich anderes sein können? (Salomon 1983, S. 147)

Alice Salomon kehrte nicht mehr in ihr Vaterland zurück, sie erlebte nicht mehr die Schönheit des deutschen Frühlings. Sie starb 1948 einsam im Exil. Ihr 50. Todestag ist Anlaß für die vorliegende Veröffentlichung, damit ihre Spuren nicht von der schnellebigen Zeit verweht werden.

In diesem Buch kann nicht das gesamte Lebenswerk dieser großen Frau dargestellt werden. Schwerpunktmäßig möchte ich ihr Wirken für die Frauenbewegung und die soziale Arbeit skizzieren. Dabei erscheint es mir angebracht, den Überblick in Lebensabschnitte zu unterteilen, um so leichter Prioritäten in der Darstellung setzen und die Bedeutung bestimmter Ereignisse besser hervorheben zu können.

Es ist mir daran gelegen, an dieser Stelle all denen zu danken, deren vielfältige Hilfen vorliegendes Buch erst ermöglichten: in erster Linie Johanna Edle von Egl, Erika Hoffmann (†), Hertha Jonghaus, Edith Köhn, Maria Krawinkel, Maria Gräfin Lütgendorf (†), Pauline Gräfin Preysing, Bertha Schimon (†) und Hugo Salomon. Genannten gebührt mein besonderer Dank für die Übereignung äußerst wertvoller Dokumente, das Leben und Wirken Alice Salomons betreffend. Ferner gilt mein Dank Herrn Winfried Schultze, Leiter des Archivs der Humboldt-Universität zu Berlin, für die zur Verfügung gestellten Dokumente und für die Erlaubnis, diese zu kopieren. So konnten noch nie veröffentlichte und noch unbekannte Dokumente über Alice Salomon in mein Buch aufgenommen werden. Bei vielen der mir zur Verfügung gestellten Dokumente konnte nicht mehr die Herkunft ermittelt werden. Als Quellenangabe mußte darum das Ida-Seele-Archiv angegeben werden.

Mein Dank gilt abschließend dem Brandes & Apsel Verlag für die Bereitschaft, dieses Buch zu verlegen, sowie seiner vielfältigen Unterstützung bei der Arbeit an diesem Werk.

Quelle: Ida-Seele-Archiv; Akte: Pauline Gräfin Montgelas, Nr. 1/2/3

1. Elternhaus, Kindheit und Jugend (1872–1892)

Alice Salomon wurde am 19. April 1872 in Berlin geboren. Über ihren familiären Hintergrund schrieb sie in ihrer erst 1983 erschienenen Autobiographie:

> Meine Eltern hatten 1858 geheiratet, und während der nächsten zwanzig Jahre gab es kaum eine Zeit für meine Mutter, in der nicht entweder ein Kind unterwegs oder in der Wiege war. Ein Sohn wurde 1860 geboren, ein weiterer, der an Diphterie starb, als ich acht war, kam 1861 auf die Welt... Dann kamen vier Töchter im Laufe von nur sechs Jahren an... Ich war das zweite Mädchen. Meine Mutter hatte für mich den Namen eines der Kinder der Queen Victoria ausgewählt, Alice, der Großherzogin von Hessen, und zwar deshalb – wie meine Mutter mir oft sagte – weil die Herzogin eine ergebene und liebende Tochter war, ein leuchtendes Vorbild. (Salomon 1983, S. 12)

Alices Vater, Albert Salomon, war ein wohlhabender Kaufmann, der in dritter Generation äußerst erfolgreich im Lederhandel tätig war. Alice Salomon schilderte ihn als einen lebensfrohen und unternehmungslustigen Mann ohne starke religiöse Interessen, zu dem sie wegen seiner zahlreichen Reisen kaum Kontakt hatte. Die Mutter, Anna Salomon, stammte aus der in Breslau ansässigen Bankiersfamilie Potocky-Nelken. Diese Familie gehörte zu den angesehensten und reichsten jüdischen Familien Deutschlands und damit zu jener Schicht, die hinsichtlich sozialer Geltung, Reichtum und Tradition den »Hochadel« unter den Juden Deutschlands darstellte. Anna Salomon war eher von zurückhaltender und ruhiger Natur, dachte konservativ und war auf die Einhaltung allgemeiner gesellschaftlicher Normen bedacht. Sie opferte sich der Familie und schien ein wenig ausgefülltes Leben zu führen. Für die kleine Alice war sie die »schönste aller Frauen, mein Maßstab für Güte und Tugend« (Salomon 1983, S. 13).

Alice war in jungen Jahren ein hübsches Mädchen mit blondem, lockigem Haar und strahlenden Augen. Irgendwann jedoch, in einem nicht überlieferten Alter, begann ihre Nase aus dem Gesicht herauszuragen, und sie »wurde das häßliche Entlein der Familie« (Salomon 1983, S. 16).

Mit ihren Geschwistern wuchs sie in einem stattlichen Haus an der Berliner Prachtstraße, Königsgrätzerstr. Nr. 28, auf:

> Der Garten war das Paradies unserer Kindheit. Er grenzte an einen Hof, wo man andere spielende Kinder vermuten konnte, und wurde von einem

schönen, alten Walnußbaum überschattet... Er hatte einen winzigen Hügel, einen Teich und einen Springbrunnen; es gab alle Arten von Vögeln und Tieren, einschließlich eines Hühnerhofes; eine Zeitlang besaßen wir sogar zwei Rehe. Es gab altmodisch anmutende Fliederbüsche, Obstbäume und eine Pergola mit Weintrauben... Es gab genug Blumen, so daß wir Kinder so viele schneiden konnten, wie es uns gefiel. (Salomon 1983, S. 18 f.)

Das wißbegierige und kluge Mädchen war noch keine sechs Jahre alt, als es von seinen Eltern versuchsweise in eine kleine private evangelische Mädchenschule gegeben wurde. Über ihre Schulbildung schrieb Alice Salomon in ihrer ersten veröffentlichten Autobiographie:

> Viel Gedanken über die Geeignetheit einer Schule machten sich die Eltern damals nicht. Die Schule hatte sieben Klassen, und in den beiden letzten mußte man je zwei Jahre bleiben, weil unterdessen die »höheren Mädchenschulen« zu einem neunjährigen Lehrgang verpflichtet wurden. Ehe ich das fünfzehnte Lebensjahr erreichte, war meine Schulbildung daher abgeschlossen, und ich war mir fast ganz selbst überlassen. Ich war brennend gern in der Schule. Die vielen anderen Kinder, die Tatsache, daß dort immer etwas vorging, daß man etwas erlebte, daß man in Atem gehalten war, befriedigten wahrscheinlich die Bedürfnisse meines unruhigen Temperaments. (Salomon 1928, S. 4)

Die letzten Jahre ihrer Kindheit waren von Trauer überschattet. Als Alice ungefähr dreizehn Jahre alt war, erkrankte der Vater, der dennoch seine Reisetätigkeit fortsetzte. Er erlitt einen Rückfall und starb nach längerer Krankheit im Alter von 53 Jahren. Eine seiner letzten Handlungen war der Verkauf des von allen geliebten Hauses. Die Familie mußte in eine kleinere Mietwohnung umziehen, lebte aber weiterhin in guten Verhältnissen. Der Abschied von Haus und Garten war dennoch für Alice äußerst schmerzhaft. Es war ihr, »als ob sie vom Paradies vertrieben worden wäre« (Peyser 1958, S. 17).

Ein weiterer Schicksalsschlag traf die Familie drei Jahre nach dem Tode des Vaters. Eine der jüngeren Schwestern Alices starb an Diphterie. Der Lebensmut der Mutter war gebrochen, sie vermochte den Tod ihres Kindes nicht zu bewältigen. Alice Salomon erinnerte sich:

> Seit jener Zeit wurden wir Kinder in den Gedanken eingehüllt, daß unser Geschick mit Unglück beladen sei, daß wir unendlich beklagenswert wären und im Vergleich mit anderen – besonders mit den Verwandten, über deren Kreis wir nur selten hinauskamen – arm und freudlos leben mußten. So ungefähr hat meine Mutter jedenfalls es in diesen Jahren gesehen, und so hat sie es uns dargestellt. (Salomon 1928, S. 5 f.)

SCHRIFTEN DES DEUTSCHEN VEREINS FÜR ÖFFENTLICHE UND PRIVATE FÜRSORGE

Herausgegeben im Auftrage des Vereins von dem Vorsitzenden
PROF. DR. HANS MUTHESIUS Frankfurt/M

ALICE SALOMON
DIE BEGRÜNDERIN DES SOZIALEN FRAUENBERUFS IN DEUTSCHLAND

Ihr Leben und ihr Werk

CARL HEYMANNS VERLAG KG

Quelle: Ida-Seele-Archiv; Akte: Alice Salomon, Nr. 1/2/3/4

Alice Salomons unglückliches Jungmädchendasein, das allein durch die Perspektive einer späteren standesgemäßen Ehe geprägt war, verstärkte sich noch, als sie nicht den ersehnten Beruf der Lehrerin ergreifen durfte. So lagen ihre Kräfte zunächst brach. Über ihren weiteren Lebensweg schrieb Alice Salomons ehemalige Sekretärin und erste Biographin, Dora Peyser:

> Einen Beruf zu ergreifen, war für Frauen ihrer sozialen Schicht noch nicht üblich... Eine Tochter aus gutem Hause hatte es nicht nötig, sich ihren Unterhalt selber zu verdienen. Wenn man auch in bescheideneren Verhältnissen lebte, so arm war man doch noch nicht, daß die Tochter Geld verdienen mußte. Die Mutter wurde in ihrem Widerstand von den konventionell eingestellten Verwandten unterstützt...
>
> Alice war überzeugt, daß ihr verstorbener Vater sie verstanden und ihr zum Lehrerinnenberuf verholfen hätte. In ihrer Verzweiflung machte sie einen Versuch, sich im ungeheizten Zimmer heimlich auf das Lehrerinnenseminar vorzubereiten, was ihr aber nicht gelang... So tat sie wenigstens was sie konnte, um sich weiter zu bilden und nützliche Dinge zu lernen. Sie las viel und machte, dem Rat einer Lehrerin folgend, Auszüge aus den Büchern... Dann gab es damals in Berlin das... Viktoria-Lyzeum... Es war weder eine Berufsschule noch eine Universität, vielleicht kann man es mit einer Art weiblicher Volkshochschule vergleichen. Alice hörte dort Vorlesungen und nahm Sprachkurse. Außerdem hatte sie ein wenig Unterricht im Kochen und Schneidern. Vor allem aber konzentrierte sie sich auf die Stickereikurse im Kunstgewerbemuseum. Sie stickte täglich mindestens vier Stunden, während ihre Gedanken wanderten und sie sich ausrechnete, daß sie zur Not damit täglich zwei Mark verdienen könnte... Was sie am tiefsten quälte, war nicht ihr Tätigkeitsdrang, der Spielraum brauchte, oder der Drang selbständig zu sein und sich ihren Unterhalt selbst zu verdienen dürfen, obwohl beides lebendige Motive in ihr waren, es war ihr Suchen nach dem Sinn des Lebens. (Peyser 1958, S. 18)

Die Enttäuschung über ihre wenig gewinnbringenden Mädchenjahre faßte Alice Salomon in dem Ausruf zusammen:

> In der Tat war diese Zeit – von meinem fünfzehnten bis zum zwanzigsten Jahr – die unglücklichste meines Lebens. (Salomon 1928, S. 6)

Rückblickend schrieb sie über ihre »provisorischen« Jugendjahre:

> Wenn ich heute an jene Jahre zurückdenke, so wundere ich mich immer wieder, daß die meisten Mädchen aus unserem Kreis ohne Schaden blieben. Denn die Moral der Eltern vererbte sich in diesen liberal-jüdischen Familien, die sich dem Geist des naturwissenschaftlichen Zeitalters, der »Aufklärung« naturgemäß besonders leicht aufschlossen, nicht ohne weiteres auf die Kinder. Diese wuchsen meist ohne tiefere religiöse Einflüsse auf, und die

Zukunftshoffnungen und Ideen unserer Mädchenjahre waren nicht nur oberflächlich, sondern schief und falsch. Wer von Natur mit religiösem Wesen ausgestattet war, suchte und fand eine seelische Heimat auf anderen Wegen – aber das setzte sich meist erst im reiferen Alter durch Kampf in Klarheit und Festigkeit um.

Zudem galt es doch noch als ausgemacht, daß Mädchen heiraten sollten. Ein anderer Gedanke wurde mir nie nahegebracht, und so hatte das ganze Mädchendasein etwas Provisorisches... Schließlich hörte das Provisorium auf. Das Leben fing an, als ich einundzwanzig Jahre alt war. Ein Stück bedruckten Papiers hat ihm die entscheidende Richtung gegeben. (Salomon 1928, S. 8)

Alice Salomon, um 1932

2. Von der Gründung der »sozialen Gruppen« zu Alice Salomons Tätigkeit im »Nationalen Frauendienst« (1893–1918)

Das vorangehend erwähnte »Stück bedruckten Papiers« war eine Einladung zur Gründungsversammlung der »Mädchen- und Frauengruppen für soziale Hilfsarbeit«, die am 5. Dezember 1893 im Bürgersaal des Berliner Rathauses stattfinden sollte. Es handelt sich, hieß es in der Einladung, »um keinerlei ›Emanzipationsbestrebungen‹, es handelt sich lediglich darum, junge Mädchen und Frauen zu ernster Pflichterfüllung im Dienste der Gesamtheit heranzuziehen«. Des weiteren ist von der schweren Mitschuld der Frauen und Mädchen der gebildeten Stände die Rede, die die Verbitterung »der unbemittelten Klassen« durch den Mangel an Interesse und Verständnis und durch »den Mangel jedes persönlichen Verkehrs mit diesen Volkskreisen« gesteigert hätten (Peyser 1958, S. 20). Ehrenamtliche, das heißt freiwillige Hilfe sollte in Krippen, Horten, Waisenhäusern, Blindenheimen, Volksküchen usw. geleistet werden.

Eindringlich hat Alice Salomon beschrieben, welche Befreiung sie und andere junge Mädchen ihrer Schicht durch dieses »Stück bedruckten Papiers« erfuhren, wurden sie doch so aus häuslicher Untätigkeit erlöst:

> Aus dieser Not riß uns die Gründung der »Mädchen- und Frauengruppe für soziale Hilfstätigkeit«. Sie brachte den Mädchen den Ruf zur Arbeit, der ihnen so bitter Not tat, zu einer Arbeit, bei der sie gebraucht wurden, bei der auf sie gewartet wurde, bei der sie sich nötig fühlen konnten. Sie brachte ihnen damit einen Lebenszweck und einen Lebensinhalt. (Salomon 1913, S. 4)

Dora Peyser erkannte in dem Aufruf ein »recht interessantes kulturelles Zeitbild«, zumal die »Mädchen- und Frauengruppe für soziale Hilfsarbeit« mehr Bewegung als Verein war:

> Es wird auf die wirtschaftliche und kulturelle Not in der Bevölkerung hingewiesen, aber ohne einen Versuch, unsere Tränendrüsen mit sentimentalen Schilderungen einzelner Notfälle zu rühren. Dagegen zeichnet man mit scharfen Worten die Kluft zwischen reich und arm und die soziale Klassentrennung, die auf der einen Seite Verbitterung verursacht und auf der

anderen Schuld. Angestrebt wird ein organisiertes Vorgehen auf breiter Linie. Die bürgerlichen Frauen und Mädchen sollen unter fachlicher Leitung soziale Hilfsarbeit leisten. Vereinzelte laienhafte Versuche sind zum Scheitern verurteilt. Neu ist die Idee der praktischen und theoretischen Schulung für ehrenamtliche Tätigkeit, die zunächst sehr bescheiden aussieht. Das darin liegende Ethos ist das Pflichtgefühl für die Gemeinschaft, also ein humanitäres Motiv. Es ist bezeichnend, daß das Wort »Wohltätigkeit« in dem Aufruf überhaupt nicht vorkommt, sondern daß man bereits so moderne Ausdrücke wie »Wohlfahrtseinrichtung« oder »soziale Hilfsarbeit« gebraucht. »Wohltätigkeit« war planloses, sentimentales Geben, und das wollte man ja gerade überwinden. Bei aller Fortschrittlichkeit hat man aber in gewisser Hinsicht »Angst vor der eigenen Courage«. So betont man mit großen Buchstaben, daß es sich um »keinerlei Emanzipationsbestrebungen« handelt und um keinen »neuen gelehrten Ballast der Frauenbildung«. Man wird auf die verfügbare Zeit der Helferinnen Rücksicht nehmen; denn wie sollte man auch sonst sowohl die Bereitwilligkeit der jungen Mädchen als auch die Einwilligung ihrer Eltern gewinnen. (Peyser 1958, S. 21 f.)

Jeanette Schwerin, Vorsitzende der »Mädchen- und Frauengruppen für soziale Hilfsarbeit«, wurde für die junge Alice Salomon mütterliche Freundin und Mentorin:

Das Wesentliche und Richtungsgebende für mich war aber nicht allein, was ich bei der Arbeit erlebte. Es war auch der Einfluß einer Frau, mit der mich die Arbeit zusammenbrachte und die mir geistige Führerin wurde. Mit Jeanette Schwerin verband mich bald ein töchterliches Verhältnis... In Frau Schwerin traf ich die überlegene und dabei verwandte Natur, einen Menschen mit stärksten Impulsen, einer unerhörten Aktivität, die eben aus einem wachen Gewissen quoll; ein tiefes Mitempfinden mit den Armen und Bedrückten, eine ganz nach außen gerichtete Natur, die doch ihre Kraft aus den Tiefen der Seele speiste. Was ich in täglicher und beglückender Zusammenarbeit mit ihr lernte, hat für immer meine Richtung bestimmt und meine sozialen Energien zur Wirksamkeit gebracht. (Salomon 1928, S. 10)

Zunächst half Alice Salomon einmal wöchentlich in einem Mädchenhort aus. Eindringlich schildert sie rückblickend den damaligen »Standard der Wohlfahrtsaktivitäten«:

Die Arbeit war charakteristisch für den niedrigen Standard der Wohlfahrtsaktivitäten während der 90er Jahre. Es wurden nur solche Kinder betreut, deren Mütter entweder verwitwet oder von ihren Ehemännern verlassen waren. Das Verlassen diente bei den armen Leuten gleichsam als Ersatz für Scheidung; und da die Mütter arbeiten mußten, wurden die Kinder vernachlässigt. Sie kamen nach der Schule und blieben bis sieben – hatten also einen recht langen Tag. Nichts wurde getan, um die intellektuellen oder künstlerischen Fähigkeiten der Kinder zu entwickeln. Sie mußten ihre Hausaufgaben machen, und danach wurden sie belohnt (oder bestraft), indem sie stricken mußten. Wir, die Mitglieder der Gruppen, halfen ihnen bei den Hausaufgaben, damit niemand von ihnen schlechte Noten in der Schule bekam. Das war der Ehrgeiz unserer Vorgesetzten, einer älteren, gutmütigen Frau, die Näherin gewesen war. Sie hatte natürlich kein Verständnis für die hier auftretenden Erziehungsprobleme. Bis sechs Uhr nachmittags herrschte Stille. Dann spielten die Kinder, bis sie nach Hause gingen, meistens indem sie sich im Kreis bewegten und kindische Verse sangen. (Salomon 1983,S. 30)

Aber auch Hausbesuche durfte sie durchführen. Alice Salomon war ergriffen von der Not und dem Elend der Mütter ihrer Kinder, die überwiegend Heimarbeiterinnen oder Fabrikarbeiterinnen waren, »die durch das grobmaschige Netz des erkämpften Arbeitsrechtes am wenigsten aufgefangen wurden« (Wieler 1987, S. 32). Unter der Last dieser Eindrücke, ferner angeregt durch einen Aufenthalt in London (1896), wo sie die Settlementbewegung kennenlernte, gründete Alice Salomon mit Freundinnen 1898 das erste Berliner Clubheim für Fabrikarbeiterinnen, dem zwei weitere Arbeiterinnenheime mit Übernachtungsmöglichkeiten und ein Sommererholungsheim folgten.

Auf Anraten Jeanette Schwerins las sie sozialkritische Publikationen, die damals den neuesten Stand repräsentierten und Alice Salomon in der Heranbildung ihrer »sozialen Philosophie« (Salomon 1983, S. 44) wesentlich beeinflußten. Neben Graf Lew Nikolaiewitsch Tolstoj, Benjamin Disraeli, John Ruskin, Humphry Ward und Walter Besant erlangte der englische Schriftsteller Thomas Carlyle für sie besondere Bedeutung. Letztgenannter betrachtete Arbeit als »gottgefällige Lebensform«:

Ohne Arbeit würde der Mensch unglücklich. Soziale Gerechtigkeit könne weder durch das Stimmrecht noch durch gesetzlich festgelegte Mindestlöhne, noch durch das *laissez faire* des Marktes erreicht werden. Hierzu seien Persönlichkeiten erforderlich, die für diese soziale Gerechtigkeit arbeiten. (Fassmann 1996, S. 258 f.)

Über Jeanette Schwerin kam Alice Salomon auch in Kontakt mit der nationalen und internationalen Frauenbewegung:

Für Frau Schwerin waren Frauenbewegung und Sozialarbeit aufs engste verbunden, eines war die logische Folge des anderen. Es war die Zeit, in der die Frauenbewegung sich international und national organisierte. Im Jahre 1888 war in Amerika die Idee eines internationalen Frauenbundes ... geboren worden, und 1891 wurde der »National Council of Women« der Vereinigten Staaten von Amerika geschaffen, dem andere Länder folgten.

Die Mädchen- und Frauengruppen für soziale Hilfsarbeit zu Berlin

(Vorsitzende Frl. Alice Salomon) haben in den letzten drei Monaten eine besonders lebhafte Thätigkeit entfaltet und zahlreiche Wohlfahrtsvereine, die infolge des allgemeinen Notstandes mit Arbeit überlastet sind, durch Zuweisung freiwilliger Hilfskräfte unterstützt. Infolge mehrerer Versammlungen, von denen eine im überfüllten Rathaussaale das Thema behandelte: „Die weibliche Jugend und die Aufgaben unserer Zeit" sind den Gruppen über 70 neue Mitglieder in diesem Vierteljahr beigetreten, von denen 30 die Hilfeleistung in den Krippen, Kindergärten und Horten übernommen haben. Für die Mitarbeit in Armenpflegevereinen, bei der Hauspflege, bei Arbeitsnachweis, Blindenanstalten und dergleichen wurden 37 Frauen, für die Volksküchen 7 gewonnen u. s. w. Eine Zusammenkunft all dieser neu eingetretenen Helferinnen, die am 11. Dezember in den Räumen des Berliner Frauenklubs stattfand, legte Beweis dafür ab, daß es dem Verein gelungen ist, Verständnis für soziale Aufgaben in dem Kreis dieser neuen Mitarbeiterinnen zu erwecken.

Es wurde von den Mitgliedern über die einzelnen Gebiete der Wohlfahrtspflege berichtet, und so jedem, der sich nur einer eng begrenzten Thätigkeit widmen kann, ein Ueberblick über die weitverzweigte Frauenarbeit geboten. Dieser Erfahrungsaustausch trug auch viel dazu bei, die neuen Vereinsmitglieder einander näher zu bringen und einen Verkehr zwischen ihnen und den Vorstandsmitgliedern anzubahnen.

Außer den Versammlungen wurden gemeinsame Besichtigungen des Kinderasyls, des Gesindehospitals und der Taubstummenanstalt arrangiert.

An dem von den Gruppen eingerichteten Vortragskursus von Herrn Stadtrat Münsterberg über „Armenpflege" beteiligten sich etwa 100 Frauen, die sich dadurch für die Bethätigung in der öffentlichen Armenpflege vorbereiten wollten.

Zu der endlich erfolgten Zulassung der Frauen als gleichberechtigte Mitarbeiterinnen in den Armenkommissionen nahm der Verein dadurch Stellung, daß er an die verschiedenen Berliner Frauenvereine die Bitte richtete, gemeinsam mit den Gruppen eine Liste der Frauen, die zur Uebernahme dieses Amtes geeignet und auch geneigt sind, bei den betreffenden Behörden einzureichen. Mehrere Vereine haben bereits ihrem Einverständnis zu diesem Vorschlag Ausdruck gegeben, und es ist zu hoffen, daß die in privater Wohlfahrtspflege bewährten Kräfte sich nun auch in der öffentlichen Armenpflege nutzbar machen werden.

Anmeldungen zu praktischer Beteiligung an der sozialen Arbeit sind an die Vereinsvorsitzende, Schillstr. 10, Berlin W., zu richten, und alle Mädchen und Frauen, die auch nur wenige Stunden wöchentlich hierfür erübrigen können, finden bei der gegenwärtigen Ueberbürdung aller Wohlfahrtsanstalten Gelegenheit zu nutzbringender Bethätigung im Dienste des Gemeinwohles.

Quelle: Ida-Seele-Archiv; Akte: Alice Salomon, Nr. 1/2/3/4

Diese Anregungen führten in Deutschland 1894 zur Gründung des »Bundes Deutscher Frauenvereine«, dem die »Mädchen- und Frauengruppen für Soziale Hilfsarbeit« 1897 beitraten... Frau Schwerin wurde schon 1896 in den Vorstand des Bundes Deutscher Frauenvereine gewählt und entfaltete eine einflußreiche Tätigkeit... Alice Salomon wuchs mehr und mehr zu Frau Schwerins rechter Hand heran... Im Jahre 1898 schickte Frau Schwerin sie an ihrer Stelle nach Hamburg zur Tagung des Bundes Deutscher Frauenvereine... Auf dem Kongreß hielt sie erfolgreich ihre »Jungfernrede« und wurde seitdem als wertvolles Mitglied der deutschen Frauen-

> bewegung geschätzt und zu vielen Arbeiten herangezogen... Im nächsten Jahre..., da Frau Schwerin verhindert war, fuhr sie nach London, als Delegierte zum Kongreß des Internationalen Frauenbundes. (Peyser 1958, S. 26ff.)

Alice war gerade 27 Jahre alt, als sie nach dem plötzlichen Tod von Jeanette Schwerin zu deren Nachfolgerin als Vorsitzende der »Mädchen- und Frauengruppen für soziale Hilfsarbeit« gewählt wurde. Ein neuer wichtiger Lebensabschnitt begann für sie.

Noch im Herbst des Jahres 1899, dem Todesjahr von Jeanette Schwerin, eröffnete sie im Rahmen der »Mädchen- und Frauengruppen für soziale Hilfsarbeit« den ersten Jahreskursus für ehrenamtliche Berufsarbeit in der Wohlfahrtspflege mit verbindlichen Teilnahmebedingungen. Diese Geburtsstunde einer ersten Wohlfahrtsschule fand in der Öffentlichkeit nicht die ihr gebührende Beachtung:

> Man hat ein gewisses Recht, in diesem Kursus den Beginn der sozialen Berufsausbildung in Deutschland zu sehen, obwohl die ersten Kurse zunächst nur wenige Teilnehmerinnen hatten. Das Schwergewicht ruhte noch viele Jahre in der ehrenamtlichen Hilfsarbeit der Gruppenmitglieder, die individuell an diesen und jenen Vorlesungen teilnahmen. Immerhin wuchs die Zahl der beruflichen Sozialarbeiterinnen stetig, so daß im Jahre 1902 neben die Arbeitsvermittlung der freiwilligen Kräfte der »Gruppen« eine Stellenvermittlung für berufliche Sozialarbeiterinnen treten konnte. (Peyser 1958, S. 36)

Im Jahre 1900 wurde Alice Salomon als weitaus jüngstes Mitglied in den Vorstand des BDF und in die Kommission für Arbeiterinnenschutz gewählt. Sie diente dem BDF zuerst als Schriftführerin und später, bis zum Jahre 1920, als stellvertretende Vorsitzende. Helene Lange, eine der bedeutendsten Führerinnen des BDF, forderte Alice Salomon auf, sich mit Beiträgen am *Handbuch der Frauenbewegung*, einem umfassenden Werk zur damaligen nationalen und internationalen Frauenbewegung, dargestellt in Einzelgebieten, zu beteiligen. Einen besonders umfangreichen Aufsatz (122 Seiten) verfaßte Alice Salomon über »Die Frau in der sozialen Hilfsthätigkeit«, den sie mit folgenden Worten zusammenfaßte:

> Folgend oder anregend, auf alten wie auf neuen Bahnen, mit dem Mann und neben dem Mann – aber wo es not that, auch ohne den Mann – haben Frauen sich bemüht, ihre Kraft für das Gemeinwohl einzusetzen, in sozialer Hilfsarbeit alle Bedürfnisse derer zu befriedigen, denen ein ungünstiges Geschick einen schlechteren Platz an der Tafel des Lebens angewiesen hat. Von dem Unentbehrlichen und Notwendigen zum Nützlichen und Wünschenswerten und schliesslich zum Guten und Schönen hat das Gebiet der Hilfsarbeit sich

erweitert. Aus dem Wunsch, den bedürftigen Nächsten zu speisen und zu kleiden, hat sich der Wille entwickelt, alle Kreise des Volkes an den modernen Kulturerrungenschaften teilnehmen zu lassen; dem Ruf zu begegnen, das Verlangen zu erfüllen, das sich in den Worten kund thut: »Mehr Licht in unsere Wohnungen, in unser ganzes, enges Dasein, mehr Licht; dass auch wir als Erkennende in uns und um uns sehen lernen; mehr Wärme in unser Familien-, unser Gemeinschaftsleben, mehr Sonnenschein der Freude eines höhern, edlern Genusses!«

Viel ist von den Frauen geschaffen und erreicht worden; mehr noch bleibt zu thun übrig, wenn wir nicht auf eine künftige bessere Gesellschaft warten wollen, sondern sie in uns beginnen. Hoffnungsfreudig neue Daseinsformen, bessere soziale Zustände durch die Arbeit anstreben, helfen und heilen, wo Missstände zu Tage treten: ohne das giebt es keine soziale Rettung und Heilung! »Die Zukunft ist voll Licht und Herrlichkeit«, so ruft der russische Dichter Tschernitschewsky den Frauen zu, »liebt sie, strebt ihr entgegen, arbeitet für sie, bringt sie euch näher, übertragt sie, soweit es euch möglich ist, in die Gegenwart.«

In stiller, bescheidener, unermüdlicher sozialer Hilfsarbeit einer besseren Zukunft entgegenzuarbeiten, mag allerdings manchen Verzicht auf Freuden und Genüsse notwendig machen; das Aufgeben von vielem, was das Leben reich und lebenswert zu gestalten scheint; es mag den Frauen manch Opfer an Zeit und Kraft auferlegen – und herbe Enttäuschungen werden ihnen dabei nicht erspart bleiben. Aber zu allen Zeiten sind solche Bedenken überwunden worden, und auch künftig werden die Frauen die Wahrheit des Wortes an sich erfahren:

»Es giebt höhere Aufgaben, als für uns selbst zu arbeiten. Es giebt ein grösseres Glück, als den Genuss des Lebens, nämlich das Gefühl, dass unsere Arbeit die Nachwelt, unsere Kinder von dem Elend befreit haben wird, durch das wir selbst uns haben durchkämpfen müssen; das Gefühl, dass unsere Lebensarbeit die Welt zu einem glücklicheren Wohnort für die Menschheit gemacht hat, als wir ihn vorfanden. Die kleinste Lichtspur sozialen Wertes, die jeder Mensch hinter sich zurücklassen kann, ist ein weit edleres Ergebnis unserer Arbeit, als sechzig Jahre unbegrenzten persönlichen Glücks.« (Salomon 1901, S. 121 f.)

Das Jahr 1902 wurde für Alice Salomon wegweisend. Zu Beginn des Jahres erhielt sie von ihrer Freundin Elisabeth Freiin Richthofen eine Einladung zum »Doktorschmaus«. Genannte war eine der ersten promovierten Frauen Deutschlands. Bei Tisch fragte Professor Max Sering, ein Freund des Frauenstudiums, Alice Salomon, warum sie nicht studiere, da der Weg nun offen sei. Eine mutige Aufforderung, »denn an manchen Vorlesungstüren prangten Schilder mit Warnungen wie: ›Hunde und Damen nicht erwünscht!«« (Kenner 1995, S. 126). Alice Salomon wies ihren Gesprächspartner auf ihre fehlenden Eingangsvoraussetzungen hin. Dieser meinte jedoch, »daß für verdienstvolle Leute Ausnahmen gemacht werden könnten« (Salomon 1983, S. 63).

Alice Salomons Studienantrag wurde angenommen. Sie beabsichtigte zunächst aber nicht, das Studium mit einem wissenschaftlichen Examen abzuschließen:

> An ein ordnungsgemäßes Studium dachte ich damals... nicht. Mir fehlte doch jede Vorbildung; auch wollte ich meine soziale Arbeit, die durch die Leitung der »Gruppen« einen berufsmäßigen Umfang angenommen hatte, nicht aufgeben. Daß ich kein wissenschaftlicher Mensch bin, für einen theoretischen Beruf keine Neigung hatte, war mir ganz klar. Aber ich war gerade damals durch ein trauriges persönliches Erlebnis hindurchgegangen und hatte eine Jugendhoffnung begraben. Das ließ mir eine Ablenkung und Anregung wünschenswert erscheinen. Zudem war ich jung genug, um von der Romantik, die der Universitätsbesuch für die Frauen noch hatte, angezogen zu sein, und nach acht Jahren atemloser sozialer Arbeit – oft in einer Ekstase der Hingabe geleistet –, die viel zu wenig Zeit zu vertiefter Lektüre ließ, fühlte ich, daß ich mir noch einmal Zeit schaffen mußte, um aufzunehmen. Ich war geistig und seelisch ausgehungert und brauchte neue Nahrung, wenn ich weiter anderen etwas geben wollte. So zog ich zur Universität. (Salomon 1928, S. 18 f.)

Alice Salomon trug sich als Gasthörerin für Nationalökonomie ein. In den Gasthörerlisten der »Königliche Friedrich-Wilhelms-Universität zu Berlin« sind folgende Daten über die von ihr belegten Semester eingetragen: »11.4.1902; 20.10.1902; 14.4.1903; 14.10.1903; 26.4.1904; 15.10.1904« (Archiv der Humboldt-Universität zu Berlin, Phil. Fak. 415).

Im dritten Semester verfaßte Alice Salomon eine Seminararbeit über das »Grenznutzungsprinzip«, das sie als Erklärung für die ungleiche Entlohnung von Männern und Frauen interpretierte. Prof. Alfred Weber war von der Leistung der Studentin beeindruckt und fragte sie, ob sie über dieses Thema promovieren wolle:

> Ich war zuerst zu überrascht, um die Frage zu bejahen. Auch glaubte ich, daß die Sache in Berlin gar nicht ohne Matura (Abitur; M.B.) zu machen war. Ferner fürchtete ich ein Examen in der philosophischen Fakultät, weil ich mich mit Philosophie überhaupt nicht beschäftigt hatte und sie mir als eine Geisteswissenschaft höherer Ordnung erschien. Das alles sagte ich ihm, und erst seine Bemerkung: »Man reiht sich doch da ein, wo man hingehört« und sein Anerbieten, mit meinem Lehrer Sering und den anderen Ordinarien über die Sache zu sprechen, brachte mir den Gedanken näher. (Salomon 1928, S. 21 f.)

Philosophische Fakultät.

Dekanats-Jahr 1905/06

Doktoranden-Buch No. 8 Journal-No. 24

44

137

Meldung zur Promotionsprüfung.

Der Cand. phil. Frl. Alice Salomon

meldet sich zur Promotionsprüfung im Fache der Nationalökonomie

Dem Gesuche ist beigelegt:

1. Der Lebenslauf.
2. Die schriftliche Versicherung des Kandidaten, daß er die bezeichnete Dissertation selbst und ohne fremde Hülfe verfertigt, daß er sie noch keiner andern Stelle zur Beurteilung vorgelegt und weder ganz noch im Auszuge bisher veröffentlicht hat.
3. Anmeldung zum Abgangszeugnis.

   Erlaubnisschein des Rektors.

4. (Das Zeugnis der Reife)

   Zeugnis der höheren Mädchenschule.

   Dispens genehmigt.

5. Die Nachweisung des akademischen Trienniums durch U. I. No 5319

   6 Erlaubnisscheine und Testaten.

6. Die Dissertation, betitelt:

   Über die Bestimmungsgründe der ungleichen Entlohnung gleicher Leistungen für Männer und Frauen

7. (Bei Chemikern eventuell): Bescheinigung des Laboratoriumsvorstandes und Zeugnis über Verbands-Examen.

Ich ersuche die Herren Sering und Schmoller um gefällige Beurteilung der Dissertation und Vorschlag eines geeigneten Prädikats für dieselbe.

Berlin den 3. Nov. 1905

Der Dekan der philosophischen Fakultät,

Branca [signature]

Ich bringe nunmehr den umstehenden

Antrag auf valde laudabile

zur Kenntnis meiner geehrten Herren Kollegen.

Berlin den 16 Jan. 1906

Der Dekan der philosophischen Fakultät,

Branca [signature]

genehmigt 18. I. 06 B.

U.I. 5319

Quelle: Archiv der Humboldt-Universität zu Berlin, Phil. Fak. 415

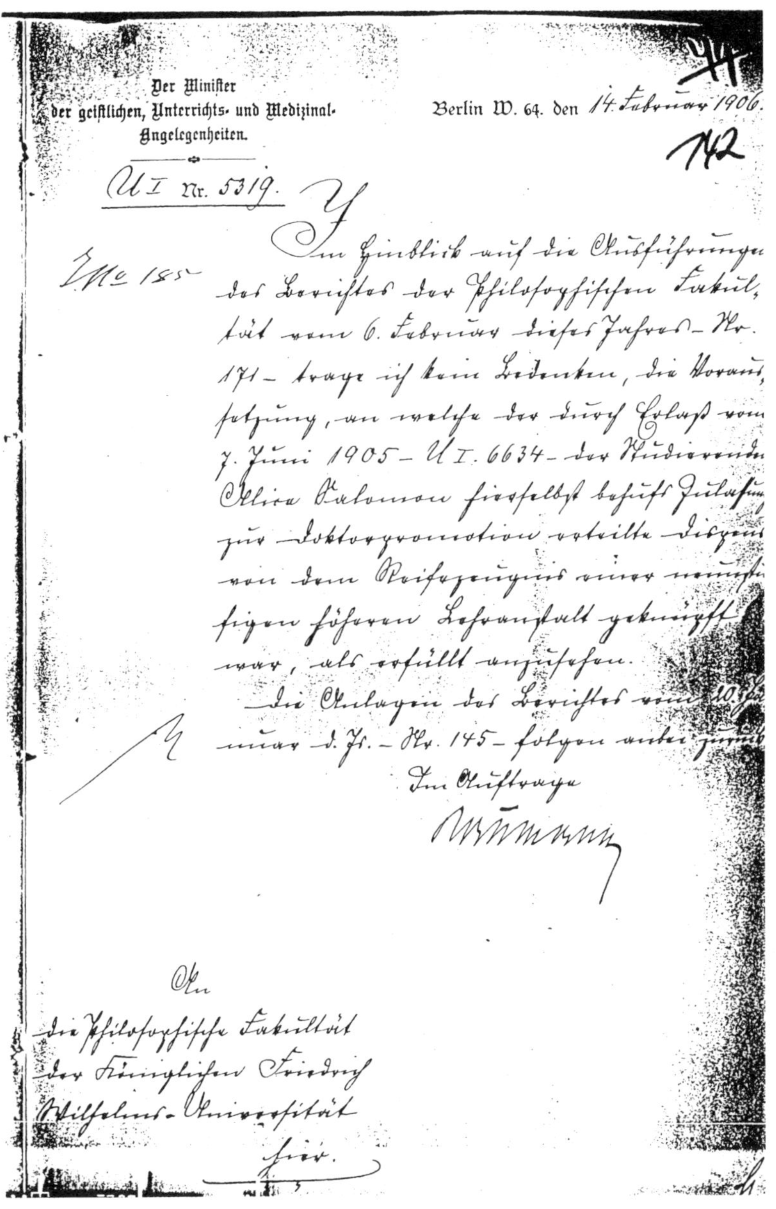

Der Minister
der geistlichen, Unterrichts- und Medizinal-
Angelegenheiten.

U I Nr. 5319.

Berlin W. 64. den 14. Februar 1906.

Im Hinblick auf die Ausführungen des Berichtes der Philosophischen Fakultät vom 6. Februar dieses Jahres – Nr. 171 – trage ich kein Bedenken, die Voraussetzung, an welche der durch Erlaß vom 7. Juni 1905 – U I. 6634 – der Studierenden Alice Salomon hierselbst behufs Zulassung zur Doktorpromotion erteilte Dispens von dem Reifezeugnis einer neunstufigen höheren Lehranstalt geknüpft war, als erfüllt anzusehen.

Die Anlagen des Berichtes vom 10. Januar d. Js. – Nr. 145 – folgen anbei zurück.

Im Auftrage

An
die Philosophische Fakultät
der Königlichen Friedrich
Wilhelms-Universität
hier.

Quelle: Archiv der Humboldt-Universität zu Berlin, Phil. Fak. 415

Doktoranden-Buch No. 8 Journal No. 143

Sitzung der philosophischen Fakultät am 5ten März 1906

Promotionsprüfung des Kandidaten Frl. Alice Salomon

(*Prädikat der Dissertation:* valde laudabile)

Examinatoren: die Herren Sering, Schmoller, Lenz, Riehl

Die Prüfung eröffnete Herr Sering mit Nat.-Ök. als Hauptfach. Er fragte nach den Siedelungsformen und ihren Beziehungen zur Gesindeverfassung, dann nach der Gemeinheitsteilungsgesetzgebung und in diesem Zusammenhange nach dem Aufkommen der individualistischen Ideen und des „Capitalismus". Daran knüpfte sich eine Erörterung der Stellung der Landwirtschaft in der modernen Marktorganisation, des Genossenschaftswesens, des Verschuldungsproblems, der Arbeiterfragen.

Dabei wurden das Bankwesen, die Stellung der Reichsbank, der preuß. Centralgenossenschaftskasse gestreift.

Dann folgten finanzwirtschaftliche Fragen: Reichsfinanzen, Einzelstaatsfinanzen, Verwendung der Ertragssteuern in Kommunalabgaben und schließlich Erörterungen aus den Zinstheorien: Böhm-Bawerks Lehre vom Capitalzins, Ricardos Grundrententheorie, Marx' Mehrwertlehre.

Die Kandidatin zeigte eine gute Kenntnis der theoretischen Schriften, hat über den allgemeinen Zusammenhang selbständig nachgedacht u. sich ein eigenes Urteil gebildet. In Bezug auf die geschichtliche Entwicklung und die Probleme der prakt. Nationalökonomie besitzt sie einen befriedigenden Überblick.

Schmoller fragte Fräulein Salomon nach den Lohntheorien von Adam Smith bis zur Gegenwart, nach der Entwicklung der englischen und deutschen Gewerkschaften, nach der deutschen Handelspolitik im 19. Jahrhundert. Die Antworten waren recht gut.

Quelle: Archiv der Humboldt-Universität zu Berlin, Phil. Fak. 415

Riehl prüft in Philosophie: Lockes Verhältnis zu seinen Vorgängern. Aufgabe und Bedeutung des Essay, Ursprung der Ideen, der Begriff der Substanz im allgemeinen und die Begriffe der körperlichen und der geistigen Substanz, aus der Erkenntnislehre Lockes: die Realität der math. Erkenntnis. Die Candidatin zeigte sich in allen diesen Fragen recht befriedigend orientiert. Je nach dem Ausfall des Examens in den übrigen Fächern könnte ich bei dem Prädikate magna cum laude mitgehen.

Lenz prüfte in der Geschichte. Cand. hatte zunächst den friedericianischen Charakter der Bismarck'schen Politik zu erläutern, was denn Gelegenheit gab zu weiteren Fragen über die Entwicklung der politischen Anschauungen B.s, die Stellung Österreichs zu der deutschen Frage, und die deutsche Verfassungsgesch. gab. Cand. antwortete recht befriedigend.

cum laude

Quelle: Archiv der Humboldt-Universität zu Berlin; Phil. Fak. 415

Doch der Abschluß des Studiums mit der Promotion gestaltete sich als regelrechter Hindernislauf. Der Dekan der Philosophischen Fakultät, Prof. Adolf Erdmann, wies den von Alice Salomon eingereichten Promotionsantrag brüsk zurück. Er legte diesen nicht einmal der Fakultät vor. Alice Salomons akademische Lehrer, allen voran Max Sering und Alfred Weber, protestierten gegen das Verhalten des Dekans und schalteten das verantwortliche Ministerium ein. Aber auch von diesem wurde der Promotionsantrag negativ beschieden, da Alice Salomon die nötige Reifeprüfung fehlte. Nach langem Hin und Her und erneuter Ermutigung Alice Salomons, die inzwischen die Dissertation schon geschrieben hatte, durch ihre Professoren, reichte sie ihr Promotionsgesuch erneut am 3. November 1903 ein. Förderlich kam die äußerst wohlwollende Bewertung ihrer Doktorarbeit durch Max Sering hinzu. Endlich, am 18. Januar 1906, hatte die Philosophische Fakultät, die unter neuer Leitung stand, »mit 15 gegen 8 Stimmen beschlossen, trotz der mangelhaften Vorbildung Frl. Salomon zum akademischen Studium, den Dispens zur Zulassung zum Doktor-Examen mit Rücksicht auf die sonst erwiesene wissenschaftliche Bildung zu befürworten« (Archiv der Humboldt-Universität zu Berlin, Phil. Fak. 415). Nach einem Brief des neuen Dekans, Prof. Julius Bauschinger, an das Ministerium stimmte auch dieses der Promotionsprüfung zu, die am 5. März 1906 stattfand. Alice Salomons Dissertationsthema lautete: »Über die Bestimmungsgründe der ungleichen Entlohnung gleicher Leistungen für Männer und Frauen«. Die Arbeit wurde teilweise unter dem Titel »Die Ursachen der ungleichen Entlohnung von Männer- und Frauenarbeit« veröffentlicht. Die Promovendin belegte an Hand von umfangreichen Statistiken aus unterschiedlichen Zweigen von Industrie, Handel, Landwirtschaft und Verkehr, daß Frauen nicht als Konkurrenten der Männer und als Lohndrücker auf dem Arbeitsmarkt auftreten, sondern in den Produktionszweigen arbeiten, die von Männern verlassen und hinsichtlich der Qualitätsanforderungen wertlos geworden sind. Demzufolge ist die geringere Entlohnung der Frauenarbeit auf eine Konkurrenz der verstärkt auf den Arbeitsmarkt drängenden Frauen untereinander zurückzuführen, deren Qualifikation gering ist und deren Lebenssituation eine geringere Entlohnung zur Folge hat. Alice Salomon sieht die ungleiche

Die Ursachen

der

ungleichen Entlohnung von Männer- und Frauenarbeit.

Von

Alice Salomon.

Leipzig,
Verlag von Duncker & Humblot.
1906.

Entlohnung nicht als willkürliche Unterdrückung der Frauen durch die Männer, sondern »als eine gesetzesmäßige Erscheinung des Wirtschaftslebens«, die allerdings durch bessere berufliche Qualifizierung der Frauen und stärkere gewerkschaftliche Organisation zu überwinden wäre. Letztlich kommt sie zu dem Fazit, daß mit einer Beseitigung der allgemein schlechteren Bezahlung von Frauenarbeit so lange nicht zu rechnen ist, wie nicht »der dilettantische, provisorische und zufällige Charakter der Frauenarbeit auf der ganzen Linie beseitigt wird« (Salomon 1906, S. 132).

Über ihre recht ungewöhnliche Abschlußfeier vermerkte Alice Salomon in ihrer Autobiographie:

> Um den weiblichen Charakter des Ereignisses zu betonen und vielleicht auch, weil ich es so vorzog, gab es statt Bier und Wein Berge von Kuchen und Schlagsahne. Zum Schluß tauchte eine letzte Schwierigkeit auf, diesmal für den Dekan, der für den Druck meiner Urkunde als *Philosophia Doctoris et Artium Liberalium Magistri* verantwortlich war. Er sah in allen Wörterbüchern nach, aber der Name Alice existierte einfach nicht im Lateinischen. Das erschien mir sehr symbolträchtig. Schließlich willigte der Dekan in den Kompromiß ein, mir eine lateinische Vorsilbe zu geben. (Salomon 1983, S. 67)

Alice Salomon dachte nicht daran, eine wissenschaftliche Laufbahn einzuschlagen. Sie kehrte zu ihrer früheren Arbeit zurück »und schaffte weiter in ihren Gruppen, im Bund Deutscher Frauenvereine und karitativen und sozialpolitischen Organisationen. Auch erteilte sie volkswirtschaftlichen Unterricht an weiblichen Fachschulen, die sich gebildet hatten« (Schmücker 1962, S. 65).

Die verstärkt seit 1901 geführten Diskussionen zwischen den Mädchenschulpädagogen, der bürgerlichen Frauenbewegung und den Unterrichtsministerien der einzelnen deutschen Länder um die künftige Struktur des höheren Mädchenschulwesens mündeten schließlich in Preußen – dem größten Staat des Deutschen Reiches – in die »Bestimmungen über die Neuordnung des Mädchenschulwesens« vom 18. August 1908. Demnach wurde u.a. für wissenschaftlich geneigte Mädchen, die eine akademische Laufbahn anstrebten, (verschiedene) Gymnasialkurse, für die anderen Schülerinnen die ein- bis zweijährige Frauenschule eingerichtet. Diese diente der Allgemeinbildung mit haus- und volkswirtschaftlicher Orientierung.

Als Diskussionsbeitrag zur preußischen Mädchenschulreform veröffentlichte Alice Salomon eine Abhandlung über *Soziale Frauenbildung*, erschienen im B. G. Teuber Verlag, Leipzig und Berlin 1908:

Darin werden die Wünsche der Frauen hinsichtlich der Aufgaben und Ziele der geplanten weiterführenden Mädchenschulen formuliert, so wie sie in Frauenkreisen, vor allem in den Mädchen- und Frauengruppen für soziale Hilfsarbeit, schon seit geraumer Zeit diskutiert wurden. Mit der Abhandlung sollten Anhänger für die Einführung theoretischer und praktischer sozialer Bildungselemente in den Frauenschulen gewonnen werden. Der erste Teil enthüllt und begründet die Forderung nach einer sozialen Ausbildung in der Frauenschule, die die Frauen nicht nur die Lage versetzen soll, ihren Pflichten als Frau und Mutter in der Familie nachzukommen, sondern auch Bildungsmöglichkeiten für die Wahrnehmung öffentlicher sozialer Aufgaben bietet. Der zweite Teil behandelt die fachliche Ausbildung zur sozialen Arbeit, die die Frauen befähigen soll, ihren sozialen Be-

Verlag von B. G. Teubner in Leipzig und Berlin

Soziale Frauenbildung

von

Dr. Alice Salomon

[IV u. 96 S.] gr. 8. 1908. Kart. M. 1.20

„Aus der Fülle eines reichen Wissens und einer seltenen Klarheit der Vorstellungen und Präzision der Zwecke ist in dieser kurzen Schrift von nur 100 Seiten das Problem der Mädchenbildung für die besitzenden Stände erörtert und der praktischen Lösung zugeführt. Mit packenden Worten wird hineingeleuchtet in das Suchen und Sehnen der ungeleiteten und irregeleiteten jungen Seelen, zu denen durch zahllose feine Kanäle alle Einflüsse der Zeit dringen, die Begabtesten am wildesten erregend, die Hochstrebenden häufig auf Irrwege leitend, von denen sie sich nicht zurückfinden. Dieses Heft bedeutet mehr als eine Darlegung fachwissenschaftlicher Gesichtspunkte. Es gibt sozusagen in einer Nußschale das Bild dessen, was als Ideal weiblichen Wirkens in der Öffentlichkeit, d. h. in der Gemeinde und für das Volksganze weiten Kreisen der sozial gesinnten Gebildeten vorschwebt. Es gibt vorzüglich das Bild der Errungenschaften, für welche sich die in den sog. gemäßigten Vereinen organisierten Frauen einsetzen. Es stellt unabsichtlich das Programm derjenigen vor Augen, die in der Schulung und Entwicklung der Frauenkräfte die beste Propaganda für Frauenforderungen erblicken."

(Hamburger Korrespondent.)

„Das Buch wirkt erfrischend, anregend, auch da, wo es Widerspruch herausfordert. Ein warmer Impuls beflügelt, ein maßvoller Geist zügelt das Wort. Und wenn wir die allzu optimistische Auffassung von der Wirkung des sozialen Wissens auf das Wollen und Handeln nicht teilen können, so geben wir uns doch gern der Gewißheit hin, daß ein Gutes durch die soziale Unterweisung ganz sicher erreicht werden kann, soll, muß und wird: Verständnis, Verständnis für den Kampf der unteren Klassen und Verständnis für die versöhnende Arbeit der sozialen Geister der besitzenden Klassen. Damit wäre ein großer Schritt zur Annäherung der Klassen getan."

(Soziale Kultur.)

rufspflichten auch tatsächlich nachzukommen und es nicht beim guten Willen zu belassen.

Als konkrete Vorschläge für Lehrpläne und Lehrziele befindet sich im Anhang eine Übersicht über die Vortragskurse der Berliner Gruppen für soziale Hilfsarbeit und der Lehrplan der Sozialen Frauenschule Schöneberg. (Orywa/Dröge 1989, S. 11 f.)

Die Vorstände des »Berliner Vereins für Volkserziehung« (Träger des bekannten »Pestalozzi-Fröbel-Hauses«) und der »Mädchen- und Frauengruppen für soziale Hilfsarbeit« hatten gemeinsam die Gründung einer Sozialen Frauenschule in den Räumen des »Pestalozzi-Fröbel-Hauses«, Berlin-Schöneberg, beschlossen. Das erste Kuratorium bestand aus einflußreichen Mitgliedern der beiden Trägerorganisationen, der Stadt und der Frauenbewegung. Es gehörten ihm – neben Alice Salomon – folgende Personen an: Luise Jessen, Hedwig Heyl, Clara Richter, Lili Droescher, Margarete Henschke, Adele Beerensson, Emil Muensterberg und Karl Schrader, dessen Frau Henriette 1874 das »Pestalozzi-Fröbel-Haus« ins Leben rief.

Am 15. Oktober 1908 wurde die »reichsweit erste interkonfessionelle Soziale Frauenschule« (Lange 1996, S. 52) eröffnet. 83 Mädchen und Frauen im Alter von 18 bis Ende 30 Jahren hatten sich für den ersten Kurs eingeschrieben, 36 für die Unterstufe und 47 für die Oberstufe. Dazu kamen noch 213 sog. »Hospitantinnen«, die nur an vereinzelten Lehrveranstaltungen teilnahmen. Die meisten der jungen Frauen gehörten »durchaus den gebildeten Kreisen an« (Droescher 1909, S. 27).

Die Leiterin der Sozialen Frauenschule, Alice Salomon, stellte ihre programmatische Eröffnungsansprache, die in der Zeitschrift *Die Frau* (1908/09, H. 2, S. 1033 ff.) veröffentlicht und somit einem größeren Kreis der bürgerlichen Frauenbewegung zugänglich gemacht wurde, unter die Worte Thomas Carlyles: »Gesegnet, wer seine Arbeit gefunden hat!« In ihrer Ansprache, die die Vorstellungen der bürgerlichen Frauenbewegung zur sozialen Arbeit deutlich werden läßt, wandte sich die Schulleiterin mit eindringlichen Worten an die Schülerinnen:

> In unsichtbaren Lettern steht für mich über der Tür unserer Schule, die sich heut zum erstenmal so vielen öffnet, denen sie fortan Mittelpunkt des Lebens werden soll, das Wort Carlyles:
>
> »Gesegnet, wer seine Arbeit gefunden hat!«
>
> Das Wort enthält im Grunde alles, was ich in dieser feierlichen Stunde unseren Schülerinnen sagen kann: Zweck und Ziel unserer Schule, und all die guten Wünsche, die wir für ihre Entwicklung hegen.
>
> Zweck und Ziel der Schule: Denn diese ist entstanden und soll

der Aufgabe dienen, den Mädchen und Frauen unserer Stadt, unseres Landes Arbeit zu geben. A r b e i t , das heißt nicht Beschäftigung, nicht Zeitvertreib, sondern eine Tätigkeit, die nicht nur ihre Zeit – sondern auch ihre Gedanken, ihr Interesse in Anspruch nimmt; die zunächst für einige Jahre den Inhalt ihres Lebens ausmachen soll, um den herum alles andere, was das Leben ihnen an Freuden, Genüssen, Anregungen bietet, sich nur – gleichsam wie eine schmückende Arabeske – als Beiwerk gruppiert. Arbeit, die sie nicht nur erfüllt, solange sie als Schülerinnen in diesem Hause ein- und ausgehen; sondern Arbeit, die sie mit hinausnehmen, wenn sie die Schule verlassen, als einen Teil ihres Lebens, der nicht zugrunde gehen k a n n , der zu ihnen gehört, der ihre Lebensauffassung und ihr Tun bestimmt, wo das Schicksal sie auch hinführen, welcher Platz ihnen auch einmal später zugedacht sein mag.

Das gilt für alle unsere Schülerinnen, gleichviel ob sie sich für freiwillige Hilfstätigkeit oder für eine besoldete Berufsarbeit vorbereiten wollen. Dem soll ihre Ausbildung dienen.

Wenn der t h e o r e t i s c h e U n t e r r i c h t die sozialen Probleme unserer Zeit vor Ihnen aufrollt, wenn Sie in die großen Zusammenhänge des Gemeinschaftslebens eingeführt werden, wenn sich Ihnen die unlösbaren Beziehungen zeigen, die besitzende und nichtbesitzende Klassen verbinden, wenn Sie einen Einblick tun in die wirtschaftliche und geistige Entwicklung unseres Volkes und die Verknüpfung von Not und Schuld erkennen lernen, dann muß in Ihnen die Überzeugung lebendig werden, d a ß S i e A u f g a b e n z u e r f ü l l e n h a b e n , d a ß I h r e K r a f t g e b r a u c h t w i r d .

Und in der p r a k t i s c h e n A r b e i t sollen Sie den Reflex dessen, was Sie in der Theorie als Problem der G e s e l l s c h a f t kennen lernen, als Not und Hilfsbedürftigkeit des einzelnen erleben. Sie sollen sehen, daß in unserer Zeit nicht nur die Schuld, sondern auch die Not der Eltern heimgesucht wird an den Kindern; daß sie die Kinder gefährdet, auf denen die Zukunft unseres Volkes beruht. Sie sollen durch den Verkehr mit den Bedürftigen dazu gelangen, einen Vergleich zu ziehen zwischen den eigenen Lebensbedingungen und den Möglichkeiten anderer. Sie sollen sich Ihrer Kindheit erinnern, wenn Sie den verwahrlosten und verkommenen Kindern begegnen, die von klein auf sich selbst überlassen waren. Wenn Sie erfahren, wie die Mutter der besitzlosen Kreise sich abmüht – schlimmer als das geplagteste Tier, schwerer angestrengt, schlechter verpflegt als dieses – dann sollen Sie an die Fürsorge und Pflege denken, die den Frauen unserer Kreise zuteil wird, wenn sie Mutter werden. Und wenn Sie bei Ihrer Hilfstätigkeit die Fabrik- oder Heimarbeiterinnen beobachten werden, deren Leben abläuft wie das Räderwerk einer Uhr, ohne Unterbrechung, in mühseliger, stumpfmachender, entnervender Arbeit – leer und arm an Freuden und Genüssen, reich an Gefahren und Versuchungen – und wenn Sie dann an die materiellen Güter und an die geistigen Inhalte denken, die Ihnen zu Ihrem Leben notwendig erscheinen; an den Schutz, der Sie umgibt: dann soll das Gefühl der Verpflichtung, das der theoretische Unterricht auf intellektualistische Weise hervorruft, auch von Seiten des Gefühls gestärkt und lebendig gemacht werden.

So sollen Sie durch unsere Schule eine Arbeit finden, zu der Sie sich verpflichtet fühlen, zu der Sie der Ruf einer inneren Stimme treibt; eine Arbeit, die man nicht aufnehmen oder lassen kann, wie andere Beschäftigungen; sondern die von Ihnen allen – auch wenn sie als unbezahlte, freiwillige Arbeit ausgeübt – als Beruf aufgefaßt wird; das heißt als *eine Aufgabe, zu der jeder von uns sich berufen fühlt.*

Aber das Wort Carlyles enthält noch eine tiefere Bedeutung, läßt noch eine andere Anwendung auf unsere Schule zu. Er sagt: »Gesegnet, wer *seine* Arbeit gefunden hat.« Und das ist unser Wunsch und unsere Hoffnung, daß *Sie* hier *Ihre* Arbeit finden sollen. Das heißt: nicht eine Arbeit, die man nur als Mühe empfindet; sondern eine Tätigkeit, bei der eine jede das Gefühl hat, daß *sie* gerade für *diese* Arbeit geboren und bestimmt ist.

Das ist gewiß keine geringe Sache. Wohl müssen alle Menschen arbeiten; aber den Segen der Arbeit kann nur der erfahren, der dabei zu dem Gefühl gelangt, seine Kräfte zu entwickeln; der eine *innere* Beziehung zu seiner Arbeit erlangt. Wir wissen es und wir hören es oft genug, daß die Arbeit auch ein *Fluch* sein kann. Sie wird es, wo sie mechanisch, inhaltslos, zu seelenloser Werktätigkeit herabgedrückt ist. Das gerade ist so verhängnisvoll an unserer modernen wirtschaftlichen Entwicklung, an der immer fortschreitenden Arbeitsteilung, daß bis weit hinauf in die Schichten der geistigen Arbeiter die Arbeitsweise immer mechanischer wird, daß nur fabrikmäßige Handgriffe gefordert werden, die in dem einzelnen das Gefühl, notwendig zu sein, nicht mehr entwickeln; die ihn an Wert und Zweck seiner Arbeit verzweifeln lassen. Wohl haben die meisten Menschen unserer Zeit Arbeit; aber sie finden nicht *ihre* Arbeit. Sie haben keinen seelischen Kontakt mit ihr, keine andere Beziehung dazu als das Band der Zahlung, des Lohns. Wie kann jemand das Gefühl haben, für seine Arbeit bestimmt, notwendig zu sein, wenn er jahraus, jahrein Schrauben poliert, da er nicht einmal weiß, welche Verwertung diese Schrauben finden werden! Wie kann es jemand, der in einem Warenhaus Nippessachen verkauft – immer dieselben – an Leute, die viel besser ihr Geld für anderes verwenden würden; oder wie kann ein Mädchen, das immerwährend das Telephon bedient – als Lebensaufgabe – oder die an der Schreibmaschine schreibt, ohne den Sinn der Dinge zu verstehen, die sie schreibt, wie kann sie zu dem Gefühl gelangen, notwendig für *ihre Arbeit bestimmt* zu sein? Alle diese wissen, wie leicht sie zu ersetzen sind. Für die Kollegin, die gestern starb, tritt heute eine andere ein, verrichtet heute eine andere die Arbeit. Woher soll die Arbeitsfreudigkeit kommen, wenn der Mensch zum Mittel und Werkzeug eines unpersönlichen Kulturprozesses herabsinkt, der ihn nach *seinen*

Bedürfnissen verwendet und verwirft, ohne Liebe und Sorge für den Arbeiter, ohne Rücksicht auf seine besten und inneren Kräfte! Wenn der Mensch durch seelenlose Werktätigkeit bewältigt wird, entsteht jener schroffe Zwiespalt, jene Entzweiung von Subjekt und Objekt, von Stimmung und Arbeit, die den modernen Menschen so oft zerreißt.

Damit man sich eins mit seiner Arbeit fühlen kann, braucht man eine Tätigkeit, die auf das G a n z e des Menschen zurückgreift, die seine Gesinnung und Überzeugung fordert und beeinflußt; die den Menschen innerlich fortbildet; mit der er zusammenwächst.

Es ist Wunsch und Hoffnung der Gründer unserer Schule, daß Sie hier I h r e Arbeit finden sollen. Wunsch und Hoffnung zugleich. Und die Berechtigung zu dieser H o f f n u n g nehmen wir aus der Wahl der Unterrichtsgebiete, die im Mittelpunkt unseres Lehrplans stehen.

Es sind pädagogische und soziale Fächer. Es sind pädagogische und soziale Aufgaben, für die Sie hier vorbereitet werden sollen.

Wir wollen e i n m a l junge Mädchen für die Pflichten vorbereiten, die die Frau in der F a m i l i e zu erfüllen hat. Aber wir wollen sie auch auf die Aufgaben hinlenken und sie für die Aufgaben fähig machen, die in der großen Gemeinschaft, im ö f f e n t l i c h e n L e b e n ihrer harren. Wir wollen ihnen eine m o d e r n e B i l d u n g geben, die sie befähigt, an den Interessen teilzunehmen, die über allen ästhetischen, – mehr unpersönlichen, abstrakten – als konkrete, praktische Interessen bestehen; die das Leben der Gegenwart erfüllen und sie veranlassen sollen, z u h a n d e l n , etwas z u l e i s t e n . Nicht Luxuswissen, sondern eine Bildung, die sie befähigt, der Menschheit in irgendeiner Form – in der Familie oder in einem größeren Kreise – zu dienen.

Dieses Bildungsziel hat uns veranlaßt, unserem Lehrplan eine ganz bewußte Einseitigkeit zu geben – gerade im Gegensatz zu dem Vielerlei der bisherigen Mädchenbildung und auch zu der bedauerlichen Häufung von Bildungsfächern, die von der Regierung für die Lyzeen bzw. Frauenschulen bei der Reform unseres Mädchenschulwesens vorgesehen worden ist. Wir wollen unseren Schülerinnen neben der Ausbildung für pädagogische Aufgaben einen klaren Einblick in das Werden und Wesen unserer gesellschaftlichen Struktur geben; wir wollen ihnen zeigen, was die Frau im heutigen Gemeinschaftsleben bisher bedeutet hat und was sie darin bedeuten müßte. Wir halten diese Beschränkung für notwendig und glauben, daß die wissenschaftliche Weiterbildung sich in den »Frauenschulen« auf wenige Gebiete konzentrieren muß. Werden doch die Mädchen, die v o r w i e g e n d w i s s e n s c h a f t l i c h e Interessen pflegen wollen, in der Regel das Gymnasium, die »Studienanstalt« besuchen, nicht eine Frauenschule. Für die anderen aber, deren Neigungen sie mehr auf praktische Betätigungen hinweisen, sollte die zehnklassige Mädchenschule imstande sein, die fremdsprachliche und ästhetische Bildung so weit zu festigen, daß den Mädchen die Möglichkeit zu selbständiger Fortbildung – beispielsweise durch fremdsprachliche Lektüre gegeben ist. Wie dem aber auch sei – ein *Nebeneinander* dieser alten und der neuen Bildungsstoffe würde ganz sicherlich nicht geeignet sein, um die Schülerinnen zu *ernsthafter und selbständiger* Beschäftigung auf irgendeinem wissenschaftlichen Gebiete fähig zu machen.

Daneben wollen wir – und dem wird ausschließlich die Oberstufe dienen – den Schülerinnen Gelegenheit zu berufsmäßiger Schulung in sozialer Arbeit geben, eine Ausbildung, die sie befähigt, verantwortliche Stellungen, sowohl als bezahlte soziale Berufsarbeiter wie im unbesoldeten Hilfsdienst auszufüllen. Wenn wir dabei keinen Unterschied zwischen der Ausbildung zu beruflicher Arbeit und zu sozialer Hilfstätigkeit machen, wenn wir die Oberstufe diesen beiden Zwecken dienstbar machen wollen,

Berlin. *Die Eröffnungsfeier der neubegründeten Sozialen Frauenschule in Berlin*, an deren Entstehen die Mädchen- und Frauengruppen für soziale Hilfsarbeit sowie das Pestalozzi-Fröbelhaus (Verein für Volkserziehung) gleichmäßig beteiligt sind, vollzog sich am 15. Oktober nachmittags 5 Uhr in der Aula des Pestalozzi-Fröbelhauses — des künftigen Schulgebäudes — in einfacher und würdiger Form. Namens des Kuratoriums dieser Anstalt legte Reichstagsabgeordneter Direktor *Schrader* dar, daß diese Schule aus einem Bedürfnis unserer veränderten gesellschaftlichen Verhältnisse erwachsen sei. Einerseits gäbe es für die erwachsenen Töchter der gebildeten und besitzenden Stände keine Arbeit mehr im Hause, andererseits fehlten Kräfte für die soziale Hilfsarbeit. Das Pestalozzi-Fröbelhaus hätte gern zu der Gründung seinen Beistand geliehen, weil der soziale Geist in ihm herrschend wäre. Die Leiterin der neuen Schule, zugleich die Vorsitzende der Gruppen, Dr. *Alice Salomon*, sprach alsdann. Sie wandte sich mehr an die künftigen Schülerinnen als an die übrigen Anwesenden. „Gesegnet, wer seine Arbeit gefunden hat", dieses schöne Wort Carlyles schien ihr Zweck und Ziel der neuen Anstalt am besten zu bezeichnen. Arbeit sollen hier die jungen Mädchen der besitzenden Kreise finden, nicht lediglich Beschäftigung für einzelne Stunden, Arbeit, die ihre Zeit und ihre Interessen derart in Anspruch nimmt, daß all die üblichen Freuden der Jugend nur als schmückende Arabesken ihren Lebensinhalt umgeben. Der Reflex der theoretischen Unterweisung würde auf die praktische Arbeit fallen. Die in glücklichen Verhältnissen aufgewachsenen Mädchen würden erkennen lernen, daß nicht nur die Schuld, sondern auch die Not der Eltern heimgesucht wird an den Kindern. Aber das Wort Carlyles hat noch eine andere Deutung. Ein jeder soll *seine* Arbeit finden, die Arbeit, in der er seine individuellen Kräfte entwickeln kann, zu der er eine innere Beziehung hat. Die Frauenschule hat soziale und pädagogische Aufgaben. Sie beschränkt ihren Lehrplan streng auf diese beiden. Die Schule soll aber nicht nur Kenntnisse vermitteln, sie will auch die soziale Gesinnung festigen und stärken. — Die Schule zählte bei Eröffnung 80 Vollschülerinnen, darunter 30 auswärtige aus allen Teilen des Reichs, und über 100 Hospitantinnen.

Quelle: Ida-Seele-Archiv; Akte: Alice Salomon, Nr. 1/2/3/4

so geschieht das in der Überzeugung, daß die unbesoldete soziale Arbeit genau so gut, genau so gründlich getan werden soll und deshalb auch derselben Vorbereitung bedarf wie die besoldete, wenngleich die freiwilligen Helfer oft nicht imstande sein werden, ebensoviel Zeit wie die Berufsarbeiter für diese Tätigkeit einzusetzen. Wir wissen, daß die Eltern, die ihre Töchter nicht für eine volle Berufsarbeit freigeben, einen Teil ihrer Zeit beanspruchen; und wenn wir neue Pflichten vor unserer Jugend aufrichten, wollen wir sicherlich nicht, daß alte Pflichten beiseite geschoben und vernachlässigt werden. Deshalb geben wir auch den Schülerinnen der Oberstufe die Freiheit, je nach ihren individuellen Bedürfnissen die praktische Ausbildung gleichzeitig mit der theoretischen Unterweisung oder in einer späteren Zeit durchzumachen.

Diese Aufgabe unserer Schule, die Ausbildung für den Wirkungskreis in der Familie und in der sozialen Arbeit, muß unsere Schülerinnen auf Arbeitsgebiete hinlenken, die weit mehr als die meisten anderen Berufe – nicht nur als die mechanischen, sondern auch als theoretisch-wissenschaftliche – die Möglichkeit in sich tragen, dem Arbeitenden Glück und Befriedigung zu schaffen. Denn alle soziale und pädagogische Arbeit kann niemals mechanisch und seelenlos werden. Das Objekt dieser Arbeit sind immer fühlende, lebendige Menschen. Menschen, die ein Leben haben wie wir, Gedanken und Wünsche wie wir, die Freude und Leid empfinden wie wir; werdende Menschen oder solche, die schon ihr Schicksal erlebt haben. Alle aber mit demselben Hirn und Herzen, mit dem gleichen Recht zu handeln wie wir. Und doch lauter verschiedene Menschen und Menschenschicksale, die wir kennen lernen. Manche schlicht und anspruchslos, andere voller Tragik und voller Tiefe. Das Leben aller aber wird bis zu einem gewissen Grade durch das, was wir ihnen tun, mitbestimmt und beeinflußt.

Und das ist das Gemeinsame an pädagogischer und sozialer Arbeit, an dem Verkehr mit den werdenden Menschen, denen wir helfen sollen, sich und ihre Kräfte zum Guten zu entwickeln, wie an dem mit den Hilfsbedürftigen, die mit dem Leben nicht fertig werden, deren Kräfte zu schwach sind, die im Kampf ums Dasein Wunden davongetragen haben: daß die Arbeit für jeden, der Menschenantlitz trägt, nur auf individuelle Weise ausgeführt werden kann. Es gibt schlechthin keine mechanisch anwendbare Regel darüber, wie man ein Kind zu erziehen, einen Hilfsbedürftigen zu behandeln hat, als die: dem individuellen Fall gerecht zu werden. Und das bedeutet, daß der Erzieher oder der Helfende der Individualität des anderen, für den er sorgt, Rechnung tragen, aber sich auch mit seiner ganzen Individualität einzusetzen hat. Es gibt keine pädagogische und keine soziale Tätigkeit, die man gut und erfolgreich nur mit der Hand und dem Verstand ausführen kann. Sie braucht das Ganze des Menschen. Seine Gesinnung, seine Überzeugung müssen in ihr zum Ausdruck kommen.

Und deshalb, weil sie alle Kräfte des Menschen beansprucht, entwickelt sie all seine Kräfte, bildet sie all seine Anlagen fort, hilft sie dem Arbeitenden zu äußerem und innerem Wachstum. Weil jeder seine Eigenart in dieser Arbeit gibt, erhält er auch das Gefühl, notwendig – mit s e i n e n individuellen Kräften u n e r s e t z l i c h zu sein.

So hoffen wir, daß die Ausbildung zu pädagogischer und sozialer Arbeit Ihnen allen helfen wird, I h r e Arbeit zu finden. Eine Arbeit, bei der Sie nicht so leicht wie der Handlanger an der Maschine zu ersetzen sind, sondern zu der Sie eine i n n e r e Beziehung erlangen, bei der Sie ihre individuellen Kräfte einsetzen und nutzen können; bei der Sie fühlen, daß Sie notwendig sind; eine Arbeit, an deren Wert und Zweck Sie glauben können. Und das ist vielleicht das Beste, was das Leben überhaupt einem Menschen geben k a n n .

Es ist der ungeheuere Vorteil, den der Mann gegenüber der Frau hat, daß er selbst in einem mechanischen Beruf seine Arbeit als notwendig empfindet, weil seine Familie davon abhängig ist. Und darin wurzelt auch das tiefe Glück mancher Frauen, die ihr Leben ganz in den Dienst ihrer Familie stellen, deren Leben von außen her betrachtet oft so eng und arm an Erlebnissen und Freuden erscheint: daß sie sich für unentbehrlich, ihre Arbeit als unersetzlich empfinden können. Deshalb erwächst auch der alleinstehenden Frau, der keine anderen Glücksquellen fließen, die nicht einem engsten Kreis in Liebe dienen kann, der größte Segen, der ihr zuteil werden kann, aus einer Arbeit, bei der sie ihre persönlichen Kräfte entwickeln, ihre Liebesfähigkeit zur Entfaltung bringen und zu dem Gefühl gelangen kann, anderen etwas zu sein und zu bedeuten, in ihrem Wirkungskreis unentbehrlich zu werden.

Es ist ein hohes Ziel, das unserer Schule gesteckt ist. Es gilt, Schülerinnen für eine Arbeit vorzubereiten, die nicht nur die L e i s t u n g , sondern auch die G e s i n n u n g schätzt; für die der Zustand der Seele nichts Gleichgültiges oder Nebensächliches ist. Sie darf deshalb nicht nur die Methoden der Pädagogik, die Technik sozialer Arbeit lehren; sie soll nicht nur Wissen vermitteln, sondern Gesinnungen, soziale Gesinnungen festigen und stärken.

Wir wissen, daß wir Lehrer damit eine verantwortliche Aufgabe übernehmen; eine Aufgabe, die uns das Gefühl der eigenen Unvollkommenheit, unsere Fehler und Mängel doppelt klar vor Augen rückt. Für uns Lehrer muß ebensosehr wie für unsere Schüler das Wort zum Leitmotiv werden: »An sich und für andere arbeiten. In Demut und in Selbstverleugnung. Nur so werden wir bestehen.« Vielleicht bringt mancher von uns für die neue Aufgabe nicht viel mehr mit als guten Willen und die Erinnerung an eigene Kämpfe und Schwierigkeiten; an Zeiten oder Augenblicke, in denen wir selbst unseren Idealen nicht treu gewesen sind. Eine Erinnerung, die uns aber stark in Geduld und Vertrauen machen wird, die uns den Mut gibt, Jüngeren zu helfen, sie zu stützen, zu leiten und vorwärts zu führen.

Sie vorwärts zu führen, bis daß der Wunsch und die Hoffnung, die wir Ihnen heut bei Ihrem Eintritt in die Schule entgegenbringen, sich verwirkliche, daß bei Ihnen immer heller, überzeugender, strahlender die tiefe Wahrheit ins Bewußtsein dringt, die in den schlichten Worten verborgen liegt:

»Gesegnet, wer seine Arbeit gefunden hat!«

Dann nur werden Sie hinausgehen, um zu wirken, zu helfen in dem großen Kreis, der Hilfe, Heilung, sozialen Friedens bedarf. Dann werden Sie nicht nur selbst den Segen der Arbeit empfinden, sondern auch Segen schaffen und verbreiten, wie jene alte Verheißung es will, die nicht nur sagt: »Ich will dich segnen«, sondern auch »Und sollst ein Segen sein«. (Salomon 1908, S. 33 ff.)

Die Soziale Frauenschule entsprach einem doppelten Bedürfnis, »nämlich in der Unterstufe für junge Mädchen von etwa 17 bis 20 Jahren einen Schulabschluß zu schaffen, der zugleich als Vorbildung für eine soziale Berufsausbildung dienen könnte und in der Oberstufe die eigentliche fürsorgerische Fachausbildung geben« (Peyser 1958, S. 65). Darauf folgte ein drittes Jahr als Fortbildungskursus und Praktikantenjahr. Ein Abendkurs bot außerdem ehemaligen Schülerinnen und anderen Interessierten eine Gelegenheit zur Weiterbildung.

In der Unterstufe standen folgende Fächer auf dem Unterrichtsplan:

1. Wissenschaftliche Fächer.
   a) Erziehungslehre .... 2 Std. wöchentlich
   b) Einführung in das Leben und Wirken bedeutender Pädagogen 1
   c) Hygiene 1
   d) Volkswirtschaftslehre 1
   e) Bürgerkunde 1
   f) Einführung in die soziale und pädagogische Literatur 1
2. Technische Fächer:
   a) Handfertigkeit .... 2 Std. wöchentlich
   b) Handarbeit 2
3. Praktische Arbeit
   a) Arbeit im Kindergarten 2mal 2 Std. = 4
   b) Übungen in Hauswirtschaft und Kinderpflege 4

—————

19 Std. wöchentlich

Der Unterricht findet wochentäglich in der Regel zwischen 9 – 1 Uhr statt. (Droescher 1908, S. 29)

Die Oberstufe gliederte sich in folgende Fächer auf:

1. Wissenschaftliche Fächer:
   a) Volkswirtschaftslehre .... 2 Std. wöchentlich
   b) Bürgerkunde und Familienrecht 2
   c) Sozialethik 1
   d) Pädagogik 1
   e) Soziale Hygiene 1
   f) Einführung in die pädagogische und soziale Literatur 1

2. Technische Fächer:
   a) Einführung in die Probleme der sozialen Arbeit 1
   b) Theorie und Geschichte des Armenwesens und der Armenpflege............ 1
   c) Theorie der Jugendfürsorge..................... 1

11 Std. wöchentlich

Daneben wird von Schülerinnen, die sich auf eine berufliche Arbeit vorbereiten wollen, praktische Mitarbeit in der Armenpflege, Jugendfürsorge, Arbeiterinnenfürsorge usw. verlangt.
(Droescher 1908, S. 30)

Großer Wert wurde in der Ausbildung auf die offene Diskussion gelegt:

In einem Punkt war Alice Salomon streng, in religiösen Glaubensfragen und politischen Meinungsverschiedenheiten sollte in der Schule völlige Freiheit und Toleranz herrschen. Lehrer und Schüler mußten imstande sein, die verschiedenen Überzeugungen auf religiösem, philosophischem und

Quelle: Ida-Seele-Archiv; Akte: Alice Salomon, Nr. 1/2/3/4

Soziale Frauenbildung.

Die „Soziale Frauenschule" in **Berlin-Schöneberg**, Barbarossastr. 65, die von **Dr. Alice Salomon** geleitet wird, und die Mädchen und Frauen für berufsmäßige und ehrenamtliche Arbeit auf sozialem Gebiet ausbildet, veröffentlicht soeben ein ausführliches neues Programm für das neue, im Oktober beginnende Schuljahr.

Die auf 1 Jahr berechnete Unterstufe bietet die Grundlage für eine Ausbildung von besoldeten und ehrenamtlichen Kräften zur sozialen Hilfsarbeit. Sie bereitet auf die fachliche soziale Ausbildung vor, indem sie allgemeines Verständnis für die sozialen Probleme und ein gewisses Maß hauswirtschaftlicher und pädagogischer Kenntnisse vermittelt. Sie ist daher auch für solche Mädchen eine geeignete Unterrichtsanstalt, die sich für den Pflichtenkreis in der Familie vorbereiten wollen. Die pädagogischen Fächer sind in den Mittelpunkt des Unterrichts gestellt und umfassen: Erziehungslehre, Einführung in das Leben und Wirken bedeutender Pädagogen, Bürgerkunde, Volkswirtschaftslehre, Einführung in die soziale Literatur, Hygiene, Handfertigkeit, Handarbeit, praktische Arbeit im Kindergarten, Kinderpflege.

Die Oberstufe bezweckt die fachliche Ausbildung der jungen Mädchen für Berufsarbeit auf sozialem Gebiet (Beamtin oder Recherchentin von Armenpflegebehörden und -vereinen und sonstigen Wohlfahrtsanstalten, Beamtin von gemeinnützigen Arbeitsnachweisen, Wohnungsinspektorinnen, Fabrikpflegerinnen, Kreisfürsorgerinnen, Helferinnen in der Jugendfürsorge, in der Arbeiterinnenfürsorge u. ähnl. m.). Der Unterricht besteht einerseits in Kursen über Volkswirtschaftslehre, Bürgerkunde, Pädagogik, soziale Hygiene, Einführung in die Probleme der sozialen Arbeit, Theorie und Geschichte des Armenwesens, Jugendfürsorge; andererseits in praktischer Ausbildung auf einem Gebiete der Wohlfahrtspflege.

An die Oberstufe schließt sich ein Fortbildungskursus mit Praktikantenjahr an, das dazu dienen soll, die erworbenen Kenntnisse und Fähigkeiten durch selbständige Arbeit zu befestigen und zu vertiefen. Er umfaßt Fragen des Wirtschaftslebens, der Volksbildung, der Vereinstechnik und historisch-politische Fragen.

Zu den Lehrkräften gehörten Dr. Alice Salomon, Dr. Frida Duensing, Frl. Margarete Treuge, Frl. Lili Droescher u. a. m.

Die Schule ist mit einer Stellenvermittlung verbunden, um den Schülerinnen nach Abschluß des Kursus Stellungen nachweisen zu können.

Um auch Mädchen und Frauen, die nicht eine volle fachliche Ausbildung für soziale Arbeit suchen, sondern sich nur mit den sozialen und sozialpolitischen Problemen unserer Zeit vertraut machen wollen, eine Bildungsmöglichkeit zu bieten, sind für die Abendstunden Hospitantenkurse eingerichtet worden. Es werden in den Kursen lesen:

Frl. Margarete Treuge über „Fragen der inneren Politik im Anschluß an das Kriegserlebnis".

Frl. Dr. Frida Duensing über „Die Frau im öffentlichen und privaten Recht".

Ein Kursus für Volkstänze und Singspiele ist insbesondere für die Schülerinnen eingerichtet, die sich dem Gebiet der Jugendpflege zuwenden wollen.

Ausführliche Prospekte sind durch das Bureau der „Sozialen Frauenschule" in Berlin W 30, Barbarossastr. 65, zu beziehen.

Quelle: Ida-Seele-Archiv; Akte: Alice Salomon, Nr. 1/2/3/4

politischem Gebiet vorurteilsfrei darzustellen und zu diskutieren... Einseitige Parteiprogramme oder Bekehrungsbestrebungen wurden nicht geduldet. Die Schülerinnen sollten das Material zum Aufbau ihrer Weltanschauung bekommen, ohne in eine bestimmte Weltanschauung gedrängt zu werden. (Peyser 1958, S. 67).

Der Erfolg der Berliner Sozialen Frauenschule war überwältigend:

Während die Soziale Frauenschule in den ersten Jahren ihre innerliche Form fand, entwickelte sie sich auch äußerlich sehr. Die Zahl der Schülerinnen stieg dauernd. Im Jahre 1913/14 besuchten 33 Schülerinnen die Unterstufe, 60 die Oberstufe (30 weitere Bewerberinnen waren wegen Überfüllung abgewiesen worden), und 30 Schülerinnen nahmen am Fortbildungskursus (einer sog. dritten Klasse, die noch im ersten Jahr des Bestehens der Sozialen Frauenschule eingerichtet wurde; M.B.) teil. Ferner gab es einen Hospitantenkursus mit durchschnittlich 58 Hörerinnen und einen von 43 Schülerinnen besuchten Abendkursus. Es leuchtete ein, daß die vom Pestalozzi-Fröbel-Haus zur Verfügung gestellten Räume nicht mehr ausreichten. Auch konnte man die Gastfreundschaft eines wachsenden Kindergärtnerinnenseminars auf die Dauer nicht in Anspruch nehmen. So entstand das Bedürfnis nach einem eigenen Gebäude. (Peyser 1958, S. 67)

Am 1. Oktober 1914 konnte in Berlin-Schöneberg, Barbarossastraße 65, das eigene Schulgebäude bezogen werden. Die finanziellen Mittel für den Neubau stammten aus Überschüssen des Schulbetriebs (1912 betrugen die Kursgebühren z.B. 180 Mark pro Schuljahr), aus einem Zuschuß der

»Mädchen- und Frauengruppen« und aus einem von Alice Salomon gestellten Darlehen.

Schnell wurde die Soziale Frauenschule zum Vorbild für ähnliche Gründungen. Bereits im Jahre 1912 existierten ca. zwölf solcher Ausbildungsstätten. Alice Salomons Beraterfunktion war sehr geschätzt. Beispielsweise bat auch der »Münchener Katholische Frauenbund«, vertreten durch die »Damen Ellen Ammann, Pauline Gräfin Montgelas und Durchlaucht Sophie Fürstin Oettingen-Spielberg«, in einem Brief »Frl. Dr. Alice Salomon« um Unterstützung zum Aufbau einer »Frauenschule, speziell für katholische Frauen« (Ida-Seele-Archiv, Akte: Alice Salomon, Nr. 1/2/3/4). In München existierte bereits seit 1906 das von der »Sozialen Sektion des Münchener Katholischen Frauenbundes« eingerichtete »Seminar für soziale Praxis«, in dem sich »unter Leitung des hochwürdigen Herrn Landtagsabgeordneten Präses Walterbach und den geehrten Damen Dr. Ellen Ammann, Valentine Buczkowska und ihrer hochgeborenen Gräfin Montgelas, einmal in der Woche eine Reihe von jungen Mädchen und Frauen trifft, die sich der ehrenamtlichen sozialen Hilfsthätigkeit widmen und dort Gelegenheit zum Studium der sozialen Frage und der sozialen Praxis bekommen« (Ida-Seele-Archiv, Akte: Pauline Gräfin Montgelas, Nr. 1/2/3). Besagtes »Seminar für soziale Praxis«, an dem »Frl. Dr. Alice Salomon am 3. und 4. Januar 1908 über die ›Lohnfrage der Arbeiterinnen‹ und über die ›Arbeiterinnenschutzgesetze‹ referierte, sollte in eine »umfassendere soziale Ausbildungsstätte mit katholischem Charakter für Frauen bürgerlicher Herkunft« (Ida-Seele-Archiv; Akte: Alice Salomon, Nr. 1/2/3/4) umgestaltet werden. Darüber »berieten Frau Dr. Ammann, die hochgeborene Gräfin Montgelas und Durchlaucht Fürstin Oettingen-Spielberg am 4. Januar 1908 ausführlich mit Frl. Dr. Salomon, die eine soziale Frauenschule in Berlin zu gründen beabsichtigt« (Ida-Seele-Archiv; Akte: Alice Salomon, Nr. 1/2/3/4). Es entwickelte sich zwischen München und Berlin ein reger Schriftverkehr (teilweise vorhanden und aufbewahrt im Ida-Seele-Archiv), aus dem sich immer mehr eine persönliche Freundschaft, insbesondere zwischen Alice Salomon und Pauline Gräfin Montgelas entwickelte. Die Freundschaft der beiden Frauen verfestigte sich, als Pauline Gräfin Montgelas 1910/11 in Berlin wohnte. Die Gräfin hielt brieflichen Kontakt zu Alice Salomon auch in den Jahren der Nazi-Diktatur und des Exils.

Auf Anraten von Alice Salomon »begann Ellen Ammann im Herbst 1909 in München, Theresienstraße 25, mit der planmäßigen sozial-caritativen Frauenschulung«. Doch Alice Salomon meinte in einem Brief an »Frau Dr. Ellen Ammann«, daß »eine mindestens einjährige systematische Schulung der Mädchen und Frauen sehr angebracht und vonnöten wäre« (Ida-Seele-Archiv, Akte: Alice Salomon, Nr. 1/2/3/4). Dementsprechend erweiterte Ellen Ammann mit ihrer Mitarbeiterin und Freundin Maria Hopmann die Schulungskurse ab 1912 in zunächst einjährige (zweisemestrige) und ab 1916, wieder auf Anraten von Alice Salomon, in zweijährige (viersemestrige) Kurse. Damit übernahm Ellen Ammann die Strukturierung der Berliner Sozialen Frauenschule. Sie unterteilte ihre »Sozial-caritative Frauenschule« in eine einjährige Unter- und eine einjährige Oberstufe. Freudig schrieb Ellen Amman 1916 an Alice Salomon:

> Verehrtes, hochgeschätztes Frl. Doktor,
> es ist so weit! Die sozial-caritative Frauenschulung in München bietet endlich, dank Ihrer Unterstützung und geistigen Anregung, eine Schulung von geschlossenen Kursen an... Die Mädchen und Frauen, welche im Laufe der Jahre aus unserer Schulung hervorgehen, werden mitten im sozialen Leben tätig sein, die einem amtlich angestellt, in der Armenpflege oder Jugendfürsorge, die anderen an der Spitze von Vereinen und Wohlfahrtseinrichtungen, ersprießliche Hilfsarbeit leistend oder im eigenen neugegründeten Heim, als Mutter und Ehefrau den sozialen Gedanken pflegend. Gerade die katholische Frau ist dazu berufen, auf allen diesen Gebieten den Einfluß des Christentums in die Waagschale zu werfen. Sie muß mit der katholischen Männerwelt danach streben, daß jene göttlichen Eigenschaften der Liebe und Gerechtigkeit immer mehr triumphieren und so die sozialen Wunden bald geheilt werden. ...
> Ich danke Ihnen nochmals, liebes Fräulein Doktor, für Ihre großartige Unterstützung. Sie haben wesentlich zur Etablierung einer sozial-caritativen Frauenschulung in München, ja in Bayern, beigetragen.
> Herzlichst
> Ihre
> Ellen Ammann
>
> (Ida-Seele-Archiv; Akte Alice Salomon, Nr. 1/2/3/4)

Das Jahr 1908 brachte Alice Salomon noch eine weitere Aufgabe, die bestimmend für ihr Leben wurde. Aus Genf kam eine Anfrage des »International Council of Women« (ICW), ob sie bereit wäre, für das Amt der ehrenamtlichen Schriftführerin zu kandidieren. Die erfolgreiche Wahl fand 1909 auf einer Tagung des Internationalen Frauenbundes in Toronto statt. Es war Alice Salomons erste Überseereise, und sie durchquerte mit ihrer Delegation den nordamerikanischen Kontinent – durch Kanada nach Westen und durch die USA zurück nach Osten. In Chicago traf sie Jane Addams, die 1893 das »Hull House« gegründet und bahnbrechend in der »Settlementarbeit« gewirkt hatte. Über diese Begegnung schrieb Alice Salomon:

Quelle: Ida-Seele-Archiv; Akte: Ellen Amman, Nr.1/2/3

Von Denver fuhren wir nach Chicago, wo ein offizielles Essen stattfand. Der Bürgermeister begrüßte uns besonders herzlich, da, wie er sagte, der bedeutendste Bürger Chicagos eine Frau sei. Ich bat jemanden, mir Jane Addams zu zeigen. Ihrer Erscheinung nach war sie wie alle anderen Frauen. Sie paßte sich in allen nicht wesentlichen Angelegenheiten an, was für Menschen, die ihre Prinzipien verteidigen müssen, die klügste Methode ist. Ihr zerfurchtes Gesicht zeigte jedoch, daß ihre Entscheidungen nicht einfach gewesen waren. Ich begegnete ihr damals und danach noch viele Male (z.B. 1923 und 1924 während einer Reise in die USA; M.B.) und hielt sie für eine sehr bezwingende Frau. Es wurde gesagt, daß Hull House und die Schlachthöfe darin konkurrierten, die größten Sehenswürdigkeiten für Besucher Chicagos zu sein. Ich sah mir damals Hull House an und ha-

Jane Addams.

Als ich Jane Addams bei einem Bankett im Jahre 1909 in Chikago zum ersten Mal sah, feierte der Bürgermeister sie als „den ersten und bedeutendsten Bürger der Stadt.“ Jetzt ist sie als „weiser Staatsmann“ mit dem Nobelfriedenspreis ausgezeichnet worden.

Jane Addams hat in ihrer Jugend den Weg in die soziale Arbeit gefunden. Sie war 30 Jahr, als sie 1891 Hull-House gründete, ein Settlement in einem der ärmsten Viertel von Chikago. Dort schuf sie einen Mittelpunkt für soziale Hilfe unter der aus allen Nationen einwandernden Nachbarschaft. Den primitivsten Bedürfnissen und Mängeln von Iren, Deutschen, Italienern, Griechen und Negern galt ihre Arbeit. Vom sozialen Hilfsarbeiter wurde sie zum Sozial- und Kommunalpolitiker. Keine soziale Maßnahme oder Gesetzgebung ist in Amerika in die Wege geleitet worden, die sie nicht angeregt oder geleitet hat.

Von der Nachbarschaft dehnte sie den Blick über immer weitere Horizonte aus, auf die ganze Welt. Als der Krieg entbrannte, versuchte sie, Amerika davon fernzuhalten. Sie beteiligte sich an der Einberufung des Frauenkongresses im Haag 1915, der für die Herbeiführung des Friedens wirken wollte und aus dem dann die Internationale Frauenliga für Frieden und Freiheit hervorging. Sie reiste im Auftrage des Kongresses zu den verantwortlichen Staatsmännern aller kriegführenden Nationen, um für den Frieden zu vermitteln. Nach dem Krieg hat sie das Hilfswerk für die Hungernden in allen Ländern, besonders auch in Deutschland geleitet. Alle Anfeindungen haben sie nicht zurückgehatlen.

Keine lebende Frau ist unerschrockener und mutiger und wirkungsvoller für den Frieden eingetreten.

Sie gelangte von der sozialen Hilfe zur Arbeit für den Frieden. Denn der konsequent erfaßte soziale Gedanke kennt keine nationalen Grenzen. Ihm ist jeder der Nächste, der Hilfe braucht. Frieden und Brot sind komplementäre Begriffe. Jane Addams arbeitet für den Frieden, weil der Krieg nicht nur Hunger und Not verursacht, sondern weil er ihr als Ausdruck von Haß und Feindschaft erscheint; von der Gesinnung, die allen sozialen Übeln zugrunde liegt.

Sie will ein neues Weltgewissen als Grundlage wahrer Realpolitik herbeiführen. Die gegenseitige Abhängigkeit der Völker ist ihr die gewaltigste Tatsache unserer Zeit.

Alice Salomon.

Quelle: Ida-Seele-Archiv; Akte: Alice Salomon, Nr.1/2/3/4

be dort in späteren Jahren wiederholt als Gast gelebt. Die Schlachthöfe überließ ich anderen. Sie waren nicht nach meinem Geschmack. (Salomon 1983, S. 119 f.)

Allgemein war Alice Salomon von ihrer Reise durch die USA fasziniert. Beeindruckend fand sie die amerikanischen Frauen:

> Ich fuhr in der Überzeugung nach Hause, daß die Vereinigten Staaten das Paradies für Frauen seien... Was mich am meisten beeindruckte, war, wie sich die Frauen in dieser Luft der Freiheit entwickelten. Es gab unter ihnen mehr unabhängige und mutige Persönlichkeiten als in den älteren Ländern – Frauen, die über Intelligenz, politisches Wissen, Initiative und die wärmsten menschlichen Regungen verfügten. Wenn ich einige mit Namen nennen würde, wäre es unfair den anderen gegenüber. Es gibt sie ebenso auch in der heutigen Generation. Sie waren und sind das unermüdliche Gewissen der Nation. (Salomon 1983, S. 120 f.)

Mit der Funktion einer Schriftführerin des ICW war eine enge Zusammenarbeit mit der damaligen Vorsitzenden, Lady Isabell Maria Aberdeen, verbunden. Zwischen Alice Salomon und der adeligen Dame entwickelte sich im Laufe der Zeit eine innige Freundschaft. Alice Salomons Amt im ICW beinhaltete, daß sie einen enormen Briefwechsel in verschiedenen Sprachen zu bewerkstelligen hatte (einen großen Teil davon übereignete Alice Salomon noch vor ihrer Emigration an Pauline Gräfin Montgelas), Vorstandssitzungen und Kongresse in verantwortlicher Weise vorzubereiten waren und sie viele Reisen in verschiedene Länder unternehmen mußte. Sie war von ihrer Aufgabe als Schriftführerin erfüllt, war doch das Ziel des ICW, »durch die Zusammenarbeit und Solidarität der Frauen für den Fortschritt der Menschheit und für den Weltfrieden zu arbeiten, ein Ideal, das Alice Salomon begeisterte und an das sie mit religiöser Inbrunst glaubte« (Peyser 1958, S. 69). Doch sehr bald mußte Alice Salomon auch die Schattenseiten »in einem Geflecht von unterschiedlichsten kulturellen Gepflogenheiten und nationalistischen Rivalitäten« (Wieler 1987, S. 37) kennenlernen. Von solchen berichtete Alice Salomon in ihren Lebenserinnerungen:

> Obschon ich mich unter fortschrittlichen Frauen bewegte, mußte ich doch leider einigen begegnen, die ebenso rückschrittlich waren, wie die Männer in den offiziellen Positionen. Meine Arbeit für den Internationalen Frauenbund öffnete mir die Augen für die militaristische Haltung einiger meiner deutschen Kolleginnen. Sicher gab es in allen Ländern solche Frauen; es enttäuschte mich jedoch, daß mein eigener Frauenbund oftmals die friedliche Atmosphäre einer Organisation bedrohen sollte, die unter der Prämisse entstanden war, daß Frauen Pazifistinnen sein müßten... Ich mußte die nati-

> onalen Besonderheiten und Eigenheiten kennenlernen und mußte erfahren, daß die Menschen nicht nur unterschiedliche Sprachen hatten, sondern auch ihre Gedanken in sehr verschiedener Weise ausdrückten... Es gab viel Mißtrauen zwischen den unterschiedlichen Ländern, sogar dann, wenn sie sich in friedlicher Zusammenarbeit trafen. Wohlwollen wurde nicht als selbstverständlich vorausgesetzt. (Salomon 1983, S. 132).

In ihrer im Exil verfaßten, jedoch erst 1983 publizierten Autobiographie beschrieb Alice Salomon Schwierigkeiten innerhalb des ICW (die sie in ihren 1928 erschienenen Lebenserinnerungen noch ausgeklammert hatte). Dazu ein Beispiel:

> Ein peinlicher Zwischenfall ereignete sich auf der förmlichen Eröffnungsveranstaltung des Treffens in Stockholm im Jahre 1911, das ich organisiert hatte. Der Saal war mit Flaggen der Länder geschmückt, die durch ihre nationalen Komitees vertreten waren. Sie mußten »in der Reihenfolge ihres Beitritts« hängen. Minister des Kabinetts und lokale Prominenz richteten Grußworte an uns, die von der Präsidentin erwidert wurden. Danach hatten die Vorsitzenden der nationalen Delegationen – wie die Fahnen in der richtigen Reihenfolge – drei Minuten lang die Gelegenheit, in einigen Worten den besonderen Charakter ihrer Nation darzustellen. Bevor sie sprachen, wurde die jeweilige Nationalhymne gespielt. Ich hatte die Noten aller Hymnen gesammelt, sie numeriert und dem Dirigenten genau gesagt, was er zu tun habe. Ich sprach jedoch nicht Schwedisch, und er verstand möglicherweise wenig Deutsch, Französisch oder Englisch. Als die Sprecherin Frankreichs angekündigt war und die deutsche Nationalhymne aus dem Orchester ertönte, fiel ich fast in Ohnmacht; tatsächlich waren einige Leute fest davon überzeugt, daß ich dies als eine anti-französische Demonstration arrangiert hätte. (Salomon 1983, S. 133)

Alice Salomon, die sich bewußt ihrer nicht-jüdischen Umwelt zuwandte, hegte schon in jungen Jahren den Wunsch, zum Christentum überzutreten. Doch mit Rücksicht auf die Mutter, mit der sie bis zu deren Tode zusammenlebte, zögerte sie mit diesem Schritt. Daß sie schließlich doch noch vor deren Tod im Dezember 1914 konvertierte, hat vielleicht einerseits mit dem Erlebnis des Kriegsausbruchs, andererseits aber auch mit Lady Aberdeen zu tun. Bei dieser weilte sie gerade in Irland, um mit ihr die Kongreßprotokolle des letzten internationalen Frauentreffens in Rom abzustimmen. Trotz intensiver Bemühungen konnte Alice Salomon nicht die Insel verlassen, da seit Beginn des Krieges alle Seewege geschlossen waren. »In diesen verzweiflungsreichen Wochen des Wartens als Ausländerin in Irland, suchte sie den Pfarrer einer kleinen protestantischen Kirche auf und ließ sich taufen. Sie fühlte, daß sie es tun mußte, daß sie nicht länger auf ihre alte Mutter Rücksicht nehmen konnte.« (Peyser 1958, S. 72)

Während Alice Salomon in ihrer zweiten Autobiographie ausführlich auf ihre Konversion einging, verschwieg sie diese Entscheidung für den Protestantismus in ihren ersten Lebenserinnerungen. Gab sie aber in ihrer ersten Autobiographie einen indirekten Hinweis darauf, wo sie Christentum und soziale Gesinnung in bezug auf die grenzübergreifende Arbeit von Lady Aberdeen verband? Sie konstatierte:

> In Lady Aberdeen lernte ich eine Frau kennen, deren Christentum mit sozialer Gesinnung eins war; bei der Glauben und Tun in vollkommenster Harmonie zusammenklangen. Eine Landesgrenze würde ihr für das eine so unmöglich wie für das andere erscheinen. Diese Auffassung hatte für mich etwas zwingendes, wie sie es für jeden haben muß, für den die Worte »sozial« und »christlich« wirklich einen Inhalt haben. (Salomon 1928, S. 31)

Als Alice Salomon endlich sechs Wochen nach Kriegsausbruch in Berlin ankam, war sie von der Einstellung der Deutschen zum Krieg mehr als enttäuscht:

> Ich hatte an die Humanität geglaubt, und die Humanität war zusammengebrochen. Ich hatte für weltweite Verbindungen gearbeitet. Sie waren vorbei... Was mich jedoch am meisten traf, war, daß die Frauen ebenso chauvinistisch und militaristisch waren wie die Männer, und jeder, der ihre Stimmung nicht teilen mochte, wurde als Defaitist angesehen. Meine Mitarbeiterinnen, vor dem Krieg progressive Frauen, erschienen mir jetzt reaktionär. (Salomon 1983, S. 145 f.)

Der April 1915 brachte für sie eine weitere bittere Enttäuschung. Pazifistisch eingestellte Frauen beriefen unter Führung von Jane Addams ein Frauentreffen auf internationaler Ebene ein, um Regierungen zur Einstellung ihrer kriegerischen Auseinandersetzungen zu bewegen. Auch einige Frauen des BDF wollten nach Den Haag, dem Austragungsort der Friedenskonferenz, reisen, allen voran Alice Salomon. Doch die Vereinspolitik des Bundes beschloß, daß niemand, der ein offizielles Amt im Frauenbund hatte, nach Holland fahren dürfe. Alice Salomon fügte sich dem Diktat, über das sie später reflektierte:

> Da waren wir nun mit der heiklen Frage konfrontiert, die Angehörige des öffentlichen Dienstes immer schon für sich entscheiden mußten: Ist es besser, ein Amt zu behalten, um dessen Einfluß von innen zu nutzen, oder zurückzutreten und statt dessen offene Opposition auszuüben? Ich bin sicher, daß diejenigen, die sich der Anordnung des deutschen Frauenbundes unterwarfen, wie ich es tat, sich falsch verhielten. (Salomon 1983, S. 154)

Alice Salomon (rechts sitzend) im Kreise bedeutender Frauen der Frauenbewegung (Gertrud Bäumer, Mitte sitzend; hinter Alice Salomon stehend Helene Lange), ca. 1915
Quelle: Ida-Seele-Archiv; Akte: Alice Salomon, Nr. 1/2/3/4

Obwohl auch Frauendelegierte anderer Länder nicht nach Den Haag reisen durften, fand das Treffen statt. Das Ergebnis war die »Internationale Liga für Frieden und Freiheit«. Zwei Delegationen wurden auf Friedensmission geschickt. Nach Berlin kamen Jane Addams und Aletta Jacobs. Das einzige, was Alice Salomon für die Frauen erreichen konnte, war eine Audienz beim damaligen Kanzler Deutschlands, Theobald Freiherr Bethmann-Holweg. Doch diese erwies sich als nutzlos, denn für friedliebende Frauen hatte man kein Gehör. Treffsicher schrieb Alice Salomon:

> Wieviel Unglück hätte abgewendet werden können, wenn sich der Einfluß dieser Frauen zu diesem Zeitpunkt hätte durchsetzen können. (Salomon 1983, S. 155)

Obwohl Alice Salomon kein Verständnis für den vorherrschenden »Hurra-Patriotismus« aufbringen konnte, übernahm sie eine Aufgabe im »Nationalen Frauendienst« , der am 1. August 1914 unter Führung von Gertrud Bäumer von der Zentrale des BDF eingerichtet worden war und der für den reibungslosen Ablauf des Alltagslebens in den Kriegszeiten zu sorgen hatte. Alice Salomon widmete sich »besonders dem Hilfswerk für Künstler und Intellektuelle, die durch den Krieg ihre Berufsmöglichkeiten verloren hatten und unterstützt werden mußten«. Aber auch an anderer Stelle arbeitete sie innerhalb des »Nationalen Frauendienstes« mit. »Als zum Beispiel die Lebensmittel anfingen knapp zu werden, und die Frauenvereine eine Propaganda für Sparsamkeit planten, entwarf sie einen schwungvollen Aufruf, der mit den Worten begann: ›Unser täglich Brot gib uns heute!‹« (Peyser 1958, S. 73)

Im dritten Kriegsjahr publizierte sie einen Band mit zum Teil schon vor Kriegsbeginn veröffentlichten Aufsätzen unter dem Titel *Von Kriegsnot und -hilfe und der Jugend Zukunft*. Das Werk gliedert sich in zwei Teile:

> Der erste Teil befaßt sich mit den Auswirkungen des Krieges und mit den Anforderungen, die er – auch im Hinblick auf künftige Friedenszeiten – an die soziale Arbeit stellt. Der zweite Teil enthält Vorträge an die Jugend, insbesondere an die weibliche Jugend, die durch kriegsbedingte Auflösung sozialer Beziehungen und sittlicher Normen vor besonderen Schwierigkeiten steht und schon während des Krieges neuen Idealen zugeführt werden muß, damit sie in der Lage ist, nach dem Krieg eine neue, menschlichere Gesellschaft zu schaffen. (Orywa/Dröge 1989, S. 178)

Von Kriegsnot und -hilfe
und der Jugend Zukunft

Von Dr. Alice Salomon

[VI u. 142 S.] gr. 8. 1916. Geh. M. 2.40, geb. M. 3.—

Inhalt: Soziale Hilfe in und nach dem Kriege. Nationaler Frauendienst. Die Träger der Hinterbliebenenfürsorge. Die immer am Abgrund standen. Wie kann die soziale Arbeit unser Volk innerlich verbinden?. Krieg und Luxus. Was können die Frauen zur sittlichen Erneuerung des Volkslebens tun?. Die weibliche Jugend im Krieg. Die Erziehungskunst in der Jugendpflege. Die Stellung der Jugend zur sozialen Frage. Soziale Jugendgruppen und moderne Jugendbewegung. Familie, Beruf und Jugendpflege als Erziehungsmächte der weiblichen Jugend.

„An der inneren Erneuerung unseres Volkes mitzuarbeiten, ist jetzt unser aller Pflicht, und unsere jungen und reifen Töchter werden aus den wundervollen Aufsätzen von Alice Salomon das Licht nehmen, das ihnen die zu gehenden Wege erleuchtet. Wer die Verfasserin in ihrer Arbeit und auch aus Vorträgen kennt, weiß, wie sehr sie die jungen Mädchen versteht, liebt und für sie denkt und sorgt. Möchte das kleine Buch vielen unserer Töchter auf den Weihnachtstisch gelegt werden.“ **(Die Gutsfrau.)**

„So trägt dieses Buch Alice Salomons seine tiefen, werbenden Klänge in die Herzen der Jugend und der Alten. Es ist beseelt von der Wärme eines Herzens, das in leidenschaftlichem Kampf Wahrheiten, die es erkennt, Schicksale, die es erlebt, Schmerzen, die es erlitten, für andere fruchtbar machen will; es trägt in unsere von Leidenschaften zerrissene Welt einen Schimmer aus jener Atmosphäre friedvoller Kulturarbeit, aus der wir so lange schon verwiesen sind. **(Oesterr. Frauen-Rundschau.)**

Die Verfasserin gehört zu jenen deutschen Frauen, die ihr Leben dem Dienst der Hilfsbedürftigen, namentlich der hilfsbedürftigen Jugend, gewidmet haben. Klare Erfassung der tatsächlichen Zustände, warme Menschenliebe gegenüber der Not und Gefahr, lebendiges Verantwortlichkeitsgefühl für die Zukunft unseres Volkes sprechen aus ihrem Buche. Namentlich die Abschnitte über weibliche Jugendpflege, in denen mit feinem Verständnis für das Seelenleben des heranwachsenden weiblichen Geschlechts Ziele und Wege gewiesen werden, gehören zu dem Besten, was über diesen Gegenstand geschrieben worden ist.“ **(Pädagog. Blätter.)**

Verlag von B. G. Teubner in Leipzig und Berlin

Quelle: Ida Seele-Archiv, Akte: Alice Salomon, Nr. 1/2/3/4

1917 übernahm Alice Salomon auf Vorschlag von Marie-Elisabeth Lüders und Agnes von Zahn-Harnack, den Leiterinnen der Frauenarbeitszentrale des Preußischen Kriegsministeriums, das Frauenreferat für die Provinz Brandenburg. »Mobilisierung der Frauen durch Frauen« lautete die Devise. Alice Salomon, überzeugte Pazifistin und Humanistin, litt sicher unter dieser Arbeit, wie nachfolgendem Brief vom 18. Dezember 1917 unschwer zu entnehmen ist:

> Sehr geehrte, liebe Gräfin Pauline,
>
> ...
>
> Es war mir keine leichte Entscheidung, mich einem Kriegsamt zur Verfügung zu stellen. Bisher galt meine Hilfe allen Menschen, die in Not waren. Diese neue Tätigkeit bedeutet wirklicher Dienst innerhalb der Kriegsmaschinerie. Eigentlich entsetzlich, die systematische Organisation des Krieges zu unterstützen!!!
>
> ...
>
> Trotz schrecklicher Wirren, Ihnen liebe Pauline,
> alles Liebe, Gute, Schöne,
> Ihre
> Alice
> (Ida-Seele-Archiv; Akte: Pauline Gräfin Montgelas, Nr. 1/2/3/4)

Alice Salomons Aufgabe im Frauenreferat bestand darin, Frauen für die Arbeit in der Kriegsmaschinerie freizusetzen. Sie hatte für die Unterbringung der Kinder in Krippen, Kindergärten und Horten zu sorgen. Ferner mußten weibliche Hilfskräfte, »z.B. Sekretärinnen, Telephonistinnen, Köchinnen, Näherinnen, in die besetzten Gebiete (die Alice Salomon teilweise selbst bereiste; M.B.) geschickt werden, nach Polen, Rußland und in die Ukraine, um Soldaten zu ersetzen« (Peyser 1958, S. 74).

Aktiv beteiligte sich Alice Salomon an der 1917 erfolgten Gründung der »Deutschen Zentrale des Nationalen Frauendienstes«, in der sie neben Josephine Levy-Rathenau den stellvertretenden Vorsitz übernahm. Vermutlich an die Redaktionen verschiedener Zeitungen und Zeitschriften übersandte sie folgenden, zur Veröffentlichung bestimmten Text:

> **Deutsche Zentrale des Nationalen Frauendienstes.**
>
> Der Nationale Frauendienst wurde auf Anregung des Bundes Deutscher Frauenvereine nach Rücksprache mit dem Preußischen Ministerium des Innern am 1. August 1914 begründet. Sein Zweck war, die in den langen Jahren friedlicher Entwicklung des Deutschen Reiches gegründeten Frauen- und Wohlfahrtsorganisationen, die durch keinerlei Tradition für Kriegswohlfahrtsarbeit verpflichtet waren, zu einmütiger, geschlossener Zusammenarbeit im Dienste der Allgemeinheit zu vereinigen.

Die Aufgaben des Nationalen Frauendienstes bestehen in der Mitarbeit auf allen Gebieten der Kriegswohlfahrtspflege in der Heimat, sowie in der Mitwirkung bei den im Interesse der Aufrechterhaltung der Kriegswirtschaft notwendig werdenden Maßnahmen.

Um die Arbeit der im Reich bestehenden Nationalen Frauendienste durch Erfahrungsaustausch und Vermittlung von Anregungen zu fördern, wurde im Jahre 1917 die Deutsche Zentrale des Nationalen Frauendienstes begründet. Sie vertritt die Nationalen Frauendienste bei Reichs- und Staatsbehörden sowie Reichsorganisationen der Wohlfahrtspflege u.ä. Sie wird von einem 11gliedrigen Arbeitsausschuß, dessen Vorsitzende Frau Josephine Levy-Rathenau ist, und dem ein Beirat aus 15 Mitgliedern zur Seite steht, geleitet. Die Geschäftsstelle befindet sich in Berlin W 35, Genthinerstr. 13. Zur Zeit sind ihr die nachstehend aufgeführten 65 Nationalen Frauendienste angeschlossen.

Dr. Alice Salomon

Quelle: Ida-Seele-Archiv; Akte: Alice Salomon, Nr. 1/2/3/4

Parallel dazu galt ihr Interesse dem stetig wachsenden Gebiet sozialer Berufsausbildung, zumal während der Kriegsjahre »ein wahres Gründungsfieber« (Peyser 1958, S. 77) von Sozialen Frauenschulen ausbrach. Dadurch wurde ein aufkeimender Beruf begünstigt, »dessen Existenz im Grunde auch als ein Armutszeugnis einer defekten Gesellschaft gedeutet werden kann« (Wieler 1987, S. 40). Allein in den Jahren 1916 bis 1918 wurden ungefähr dreizehn Soziale Frauenschulen gegründet:

> Dieses wilde, unkontrollierte Wachstum drückte das Berufsniveau herab und schadete dem Ansehen des jungen Berufes und der sozialen Schulen, die gediegene Leistungen anstrebten und sich einen guten Ruf erworben hatten. Jetzt wurde es dringend notwendig, eine Idee zu verwirklichen, die Alice Salomon bereits vor dem Kriege mit einigen Kolleginnen besprochen hatte, nämlich die sozialen Schulen Deutschlands organisatorisch zusammenzufassen, um gemeinsam einen einheitlichen Charakter der Ausbildung herauszuarbeiten. (Peyser 1958, S. 77)

Im November 1916 beschlossen die Leiterinnen der drei ältesten Sozialen Frauenschulen in Berlin, Alice Salomon, Bertha Gräfin Schulenburg und Anna Weltmann, mit einer Umfrage herauszufinden, ob Interesse an einer Zusammenkunft der Sozialen Frauenschulen bestünde. Ein solches war vorhanden, wie sich schnell zeigte. Bereits am 24. Januar 1917 fand in Berlin die erste Konferenz Sozialer Frauenschulen statt, der die Leitungen von elf Ausbildungsstätten beiwohnten. Da die Schulleiter/innen davon ausgingen, daß früher oder später eine staatliche Anerkennung der Ausbildung erforderlich werden würde, hatten sie auch »Vertreter der beiden preußischen Ministerien dazu gebeten, von denen man wußte, daß sie an der Regelung der sozialen Ausbildung interessiert waren, das Kultusministerium und das Ministerium des Inneren« (Peyser 1958, S. 77). Sitzungsort war die Soziale Frauenschule, Barbarossastraße 65. Die Schulleitungen beschlossen, die »Konferenz Sozialer Frauenschulen Deutschlands« zu etablieren. Diese Einrichtung hat sich bis heute erhalten, wenn auch unter einem anderen Namen und mit anderer Zielsetzung. Alice Salomon wurde später zur Vorsitzenden gewählt.

Die erste Konferenz der Leiter aller sozialen Frauenschulen Deutschlands

fand auf Einladung der Sozialen Frauenschule Berlin am 24. Januar statt. Zum erstenmal waren Vertreter der Sozialen Frauenschulen aus Berlin, Hannover, Frankfurt a. M., Cöln, Elberfeld, Leipzig, Mannheim zusammengekommen, um einen Austausch ihrer Erfahrungen über die soziale Berufsausbildung herbeizuführen. An den Verhandlungen nahm als Vertreter des Kultusministeriums Geh. Oberregierungsrat Pallat und des Ministeriums des Innern Geh. Obermedizinalrat Krohne teil. Der lebhafte Widerhall, den die Einladung an allen Stellen gefunden hatte, die vielseitige Beteiligung — von den 12 eingeladenen Schulen waren 11 vertreten — und vor allen Dingen die rege Aussprache ließen die Notwendigkeit dieser gemeinsamen Beratung und Durcharbeitung der Ausbildungsmethoden klar erkennen. Von allen Seiten wurde der Vorschlag gemacht, die Konferenzen zu wiederholen und den Zusammenschluß zu einer ständigen Einrichtung zu machen. Der Erfahrungsaustausch zeigte, daß trotz der scheinbaren Verschiedenartigkeit der Schulen nach der Zeit ihres Bestehens, der geographischen Lage, der Weltanschauung ihrer Begründer die Ziele der Berufsausbildung in allen Schulen die gleichen sind, und daß auch über die Methoden gewisse einheitliche Grundsätze sich überall herausgebildet haben. So kam es, daß die Konferenz, die ursprünglich nur dem Erfahrungsaustausch dienen sollte, sich dahin einigte, allgemeine Richtlinien für die weitere Ausgestaltung der sozialen Berufsbildung aufzustellen. Eine völlige Übereinstimmung der Anschauungen wurde darin erzielt, daß die theoretische Ausbildung zu sozialer Berufsarbeit im allgemeinen in sozialen Frauenschulen allgemeinen Charakters, nicht in Spezialschulen für einzelne Zweige sozialer Berufsarbeit erfolgen soll. Das Aufnahmealter für die Berufsarbeit soll nicht unter 20 und nicht über 35 Jahre sein. Als Vorbildung muß gefordert werden: Abgeschlossene Berufsausbildung auf pädagogischem, krankenpflegerischem oder hauswirtschaftlichem Gebiet, oder Besuch einer Vorbereitungsklasse, die sich die betreffende Schule selbst schafft. Mit Bezug auf die Verbindung von Theorie und Praxis sind bisher verschiedene Wege eingeschlagen worden, nämlich einmal der, die praktische Ausbildung zu gleicher Zeit mit der theoretischen zu geben, und der, die Ausbildung in der praktischen Arbeit nach der theoretischen Unterweisung zu legen. Beide Systeme haben Vorteile und Nachteile aufzuweisen. Das Nebeneinander von Theorie und Praxis wird nur da zu empfehlen sein, wo eine große Anzahl von Ausbildungsanstalten zur Verfügung steht, die sich bereit erklären, die Schülerinnen systematisch anzuleiten. Bezüglich der Stellenvermittlung an Schülerinnen, die von jeder Schule aus betrieben wird, wird beschlossen, eine neutrale Ausgleichsstelle für alle diese Posten anzubahnen, die von den einzelnen Schulen nicht besetzt werden können.

Um einen Überblick über die zur Zeit noch so verschiedenen Gehälter auf den mannigfachen Gebieten der sozialen Berufsarbeit zu ermöglichen, werden die Leiter der Schulen von allen ihren in besoldeter Stellung stehenden Schülerinnen eine Zusammenstellung über deren Besoldungsverhältnisse machen. Es wird die Normierung von Mindestgehältern seitens jeder Schule und Aufstellung eines Vertrages für die erste Stellung seitens der Schulleitung empfohlen.

Zur weiteren Ausarbeitung von Lehrplänen wird ein Arbeitsausschuß eingesetzt, der aus je einem Vertreter der vier Berliner Schulen unter Leitung von Frl. Dr. Alice Salomon bestehen soll. Er soll auch die Vorbereitung für die nächste Zusammenkunft, die spätestens nach Ablauf eines Jahres stattfinden soll, in die Hand nehmen.

Quelle: Ida-Seele-Archiv; Akte: Alice Salomon, Nr. 1/2/3/4

Bereits während der ersten »Konferenz Sozialer Frauenschulen« wurden »Richtlinien für die Gestaltung Sozialer Frauenschulen« besprochen. Man einigte sich im wesentlichen auf folgende, »natürlich nicht als verbindlich anzusehende« Richtlinien:

1. Die theoretische Ausbildung soll eine allgemein sozialwissenschaftliche sein.
2. Das Aufnahmealter für die Berufsausbildung soll nicht unter 20 und nicht über 35 Jahre sein.
3. Als Bedingung für die Aufnahme soll verlangt werden: Abgeschlossene Ausbildung auf pädagogischem oder hauswirtschaftlichem Gebiet oder Besuche einer Vorbereitungsklasse bzw. einer praktischen Ausbildungsgelegenheit, die sich die betreffende Schule selbst schafft.

(Ida-Seele-Archiv; Akte: Pauline Gräfin Montgelas, Nr. 1/2/3)

Diese drei Vorschläge fanden nicht die Zustimmung der Ministerien:

> Das Unglück war, daß zwei Ministerien je ein spezifisches, enges Gebiet des sozialen Berufs staatlich regeln wollten und darüber hinaus an sozialer Berufsarbeit nicht interessiert waren. Die Herren vom Ministerium des Inneren wollten Kreisfürsorgerinnen ausbilden, wofür sie die abgeschlossene Ausbildung als Krankenschwester oder Säuglingsfürsorgerin für unbedingt erforderlich hielten... Im Kultusministerium, dem Kindergärtnerinnen und Hortnerinnen unterstanden, wollte man einen Beruf schaffen, dessen Träger die Aufsicht über Anstalten der Kinderfürsorge übernehmen konnten. Hier verlangte man als Aufnahmebedingung die staatliche Prüfung als Kindergärtnerin, Hortnerin oder Lehrerin... Da beide Ministerien ihre Forderungen nicht aufgeben wollten, einigten sie sich schließlich darauf, daß die angehenden sozialen Frauenschülerinnen beide Berufsausbildungen vorweisen müßten, eine krankenpflegerische und eine pädagogische. Dafür sollte die Ausbildung in der sozialen Schule auf eineinhalb Jahre verkürzt werden, da ein »Zuviel« an theoretischer Ausbildung sowieso als gefährlich galt. Von dem auf achtzehn Monate beschnittenen Lehrgang wurden dann noch zwei Drittel von hygienischen Fächern mit Beschlag belegt.
> (Peyser 1958, S. 79)

Tatsächlich wurden diese von den Ministerien getroffenen Bestimmungen am 10. September 1918 staatlich erlassen. Verständlich, daß dies ein harter Schlag für Alice Salomon wie überhaupt für alle Sozialen Frauenschulen war:

> Es bedeutete, daß die künftigen sozialen Schülerinnen jahrelang eine zum Teil berufsfremde Ausbildung durchmachen mußten und dann eine verkürzte und akademisch viel niedrigere soziale Berufsschulung erhielten. (Peyser 1958, S. 79)

Kehren wir wieder zur ersten Konferenz der Leiterinnen aller Sozialen Frauenschulen Deutschlands zurück. Da die Erlangung der staatlichen Anerkennung der Schulen angestrebt wurde, mußten auch verbindliche curriculare Vorstellungen für einen Lehrstoffkatalog formuliert werden. Ferner diskutierte man über das »Gründungsfieber« hinsichtlich Sozialer Frauenschulen. Die anwesenden Leiter/innen einigten sich darauf, diesem durch einen Artikel in diversen Zeitungen und Fachzeitschriften entgegenzuwirken. Alice Salomon bat in einem Brief vom 5. April 1917 ihre Freundin Pauline Gräfin Montgelas, die über gute Kontakte zur (katholischen) Presse verfügte und inzwischen in Bayern lebte, um ihre Unterstützung, nachstehenden »Wortlaut einer katholischen Zeitung Bayerns zur Veröffentlichung anzubieten« (Ida-Seele-Archiv; Akte: Pauline Gräfin Montgelas, Nr. 1/2/3):

Neugründung von Sozialen Frauenschulen

Nachdem die ersten, seit etwa einem Jahrzehnt bestehenden Sozialen Frauenschulen das Vertrauen weiter Kreise gewonnen haben und alljährlich eine beträchtliche Zahl von sozialen Berufsarbeiterinnen entlassen, ist in den letzten zwei Jahren eine ganze Reihe neuer sozialer Bildungsanstalten entstanden. Das durch den Krieg hervorgerufene Interesse an sozialer Arbeit und die dadurch verursachte außerordentliche Vermehrung der Nachfrage nach Sozialbeamtinnen hat gerade in den letzten Monaten bei einer Reihe von Stadtverwaltungen und Vereinen den Beschluß herbeigeführt, auch ihrerseits solche sozialen Berufsschulen zu gründen. So stark ist dieses Interesse, daß selbst die besten Kenner des sozialen Bildungswesens die Zahl der in letzter Zeit entstandenen Anstalten nicht mehr genau übersehen können.

Mit dieser Entwicklung kann die Nachfrage nach sozialen Berufsarbeiterinnen nicht Schritt halten. Darüber darf auch der außerordentliche Bedarf, der durch den Krieg hervorgerufen ist, nicht täuschen. Dieser Standpunkt wurde bei einer Konferenz vertreten, die in Berlin stattfand und an der die Leiter der folgenden Schulen teilnahmen:

Soziale Frauenschule Berlin, Frauenschule der Inneren Mission Berlin, Soziale Frauenschule des katholischen Frauenbundes Berlin, Evang. Frauenschule für kirchliche und soziale Berufsarbeit des Paul-Gerhardt-Stifts Berlin, Christlich-Soziales Frauenseminar Hannover, Frauenseminar für soziale Berufsarbeit Frankfurt a.M., Soziale Frauenschule Mannheim, Hochschule für Frauen Leipzig, Soziale Frauenschule des kath. Frauenbundes Cöln, Evang. soziales Frauenseminar Elberfeld, Wohlfahrtsschule der Stadt Cöln.

Die Leiter dieser Schulen halten es daher nach Fühlungnahme mit den maßgeblichen Stellen für notwendig, vor den Gefahren zu warnen, die durch eine weitere Vermehrung sozialer Schulen hervorgerufen werden. Außer der Tatsache, daß die jetzige starke Nachfrage kein Maßstab für das Bedürfnis regulärer Zeiten sein kann, daß staatliche und städtische Behörden aus finanziellen Gründen mit der Vermehrung von Sozialbeamtinnen sehr zurückhaltend sein dürften, ist auch zu berücksichtigen, daß viele zur Zeit in den besetzten Gebieten und in der Etappe beschäftigte Sozialarbeiterinnen zurückfluten und das Angebot auf dem Arbeitsmarkt vermehren werden; wird daher durch weitere Gründung Sozialer Schulen der weiblichen Jugend der Eintritt in diesen Beruf erleichtert, so werden erheblich mehr Mädchen in den Beruf gezogen, als darin für die Dauer Lebensmöglichkeiten finden können. Die Konferenz der Vorstände und Leiter der Sozialen Frauenschulen glaubt daher der Öffentlichkeit gegenüber mit allem Nachdruck aussprechen zu müssen, daß eine weitere Vermehrung der Sozialen Schulen den Stand der sozialen Berufsarbeiterinnen gefährden muß.

3. Vom Einsatz für die internationale Frauenbewegung und für die professionelle Bildung der Frauen bis zu Alice Salomons 60. Geburtstag (1919–1932)

Auch Alice Salomons dritter Lebensabschnitt ist wesentlich geprägt von ihrem Einsatz für die Frauenbewegung und die soziale Arbeit. Es fällt auf, daß sie in ihrer ersten Autobiographie aus dem Jahre 1928 nicht über die »jüngste Vergangenheit« berichtete, da diese noch »zu nahe« (Salomon 1928, S. 32) läge. Doch in ihren zweiten Lebenserinnerungen äußert sie sich offen über diese Zeit, die verbunden war mit Enttäuschungen.

> Nicht Versöhnung, sondern Ablehnung, Verachtung, ja Haß und auch Antisemitismus wird A. Salomon, die versucht, nach Jahren der Isolation wieder Anschluß an den Internationalen Frauenbund zu bekommen und auch die zahlreichen persönlichen Kontakte neu zu beleben, zu einer deprimierenden Erfahrung. (Skipa 1991, S. 137)

Pauline von Alice.
Weihnacht 1921.

Die sittlichen Grundlagen
und Ziele
der Wohlfahrtspflege

von

Alice Salomon

Mitglieder des engeren Bundesvorstandes:

Fräulein Dr. **Gertrud Bäumer**, Vorsitzende, Hamburg 39, Scheffelstr. 30; ab 15. März 1919: Clärchenstr. 22.

Frau **Helene von Forster**, stellvertr. Vorsitzende, Nürnberg, Egidienplatz 35.

Fräulein Dr. **Alice Salomon**, stellvertretende Vorsitzende, Berlin W 30, Luitpoldstr. 27.

Frau **Alice Bensheimer**, korrespond. Schriftführerin, Mannheim, L 12. 18.

Frau **Martha Voß-Zietz**, protokollierende Schriftführerin, Bad Schwartau (Fürstt. Lübeck), Bahnhofstr. 12.

Frau **Marianne Weber**, protokollierende Schriftführerin, Heidelberg, Ziegelhäuser Landstr. 17.

Frau Dr. **Elisabeth Altmann-Gottheiner**, Schatzmeisterin, Mannheim, Rennershofstr. 7.

Quelle: Ida-Seele-Archiv; Akte: Alice Salomon, Nr. 1/2/3/4

Der erste Eklat ereignete sich bereits unmittelbar nach Kriegsende. Im Auftrag der Quäker kamen Jane Addams und Carolena Wood nach Berlin, um die Lebensbedingungen der unter den Folgen des Krieges leidenden Kinder zu untersuchen. Alice Salomon bereitete den beiden Frauen einen Empfang in ihrer Sozialen Frauenschule. Sie sprach ein paar Begrüßungsworte in Englisch. Dies hatte zur Folge, daß ein Vorstandsmitglied des BDF, noch dazu eine ehemalige Schülerin von Alice Salomon, mit der Bemerkung von ihrem Amt zurücktrat, sie hätte »nie im Traum gedacht, englische Worte von einer deutschen Frau zu hören« (Salomon 1983, S. 186). Derartige Spuren hatte der Krieg bei manchen Frauen hinterlassen.

Im Jahre 1919 stand die Wahl einer neuen Vorsitzenden des BDF an. Gertrud Bäumer, die amtierende Vorsitzende, hatte ihre Stellvertreterin Alice Salomon, deren Wahl zur Vorsitzenden sie 1914 nicht gerade für förderlich hielt, als Nachfolgerin im Auge. Doch das Gift antisemitischer Diskriminierung begann sich erneut verstärkt auszubreiten. Dazu Alice Salomon:

> Gertrud Bäumer... hatte mir in den ersten Kriegsjahren gesagt, daß ich ihre Nachfolgerin sein soll. Sie stellte klar, daß es meine Pflicht sei, das Amt zu übernehmen, da ich länger als jede andere Frau als prominente Funktionsträgerin tätig gewesen war. Zu jener Zeit wäre ein ziemlich einmütiges Vo-

tum sicher gewesen. Wir verschoben die Wahl bis nach Kriegsende; nun aber informierten mich meine Kolleginnen darüber, daß die Mitglieder zögerten, jemanden mit jüdischem Namen und jüdischen Vorfahren zur Vorsitzenden zu machen, da die Haltung der Bevölkerung in dieser Hinsicht nicht mehr zuverlässig sei. (Salomon 1983, S. 186 f.)

Marianne Weber wurde zur Vorsitzenden gewählt, Alice Salomon mußte sich mit der Funktion der stellvertretenden Vorsitzenden bescheiden. Die neue Bundesvorsitzende war es auch, die dem engeren Vorstand des BDF nahelegte, die von Alice Salomon angeregte Wiederaufnahme des Bundes in den ICW abzulehnen. Als Begründung führte sie in einem undatierten Rundbrief an die Mitglieder des BDF an:

> Weil wir, ohne damit Deutschland nützen zu können, die deutschnationale und konservative Agitation gegen den Bund, die sich u.a. aus unserem angeblichen Internationalismus und Pazifismus speist, die allererwünschte Nahrung geben würden. (Ida-Seele-Archiv; Akte: Alice Salomon, Nr. 1/2/3/4).

Alice Salomons Verhältnis zum BDF kühlte sich 1920 vollends ab. Da Deutschland noch nicht in den Völkerbund aufgenommen war, durfte Alice Salomon auf Beschluß des BDF nicht auf das erste Nachkriegstreffen des ICW nach Oslo reisen, obwohl sie als amtierende Schriftführerin eine wichtige Funktion ausübte. Sie beugte sich dieser ihr nicht verständlichen Anordnung, plante aber, einer privaten Einladung der Vorsitzenden des norwegischen Frauenbundes – außerhalb der Kongreßzeit – Folge zu leisten. Selbst diesen privaten Besuch untersagte ihr der BDF. Das Maß war damit voll. Alice Salomon reiste nach Norwegen und erklärte nach zwanzigjähriger loyaler Mitarbeit im Vorstand des BDF ihren Austritt. Dies war das Ende ihrer Karriere im BDF. Der Skandal wurde noch durch Rufmord vervollständigt. Böse Zungen verbreiteten, Alice Salomon »wäre wegen ihrer angeblichen, unbotmäßigen Teilnahme an der Konferenz des Internationalen Frauenbundes ausgeschlossen worden« (Simmel 1981, S. 393). Dennoch war ihr Ansehen als eine der führenden Frauen Deutschlands im In- und Ausland dadurch nicht getrübt. Ihre Leistungen auf sozialem Gebiet waren allzu offenkundig.

Das Jahr 1925, in dem Alice Salomon wegen ihrer schwankenden Gesundheit einen Teil ihrer Aufgaben als Leiterin der Sozialen Frauenschule an Charlotte Dietrich abgab, war zugleich ein besonders erfolgreiches Jahr. Sie gründete die »Deutsche Akademie für soziale und pädagogische Frauenarbeit«. Diese wurde am 15. Mai 1925 ins Leben gerufen und im Oktober des gleichen Jahres in den Räumen der Sozialen Frauenschule eröffnet. Die Gründerin nannte als Motivation für ihr neues Projekt die

Einsicht in die Notwendigkeit, »Frauen als Leiterinnen in die verschiedenen Zweige des öffentlichen Dienstes« zu berufen und sie dafür in einem »Aufbaustudium« zu qualifizieren. Ferner sollte die Frauenakademie »die Höherentwicklung des Berufs besorgen und besonderes Gewicht auf solche Studiengebiete legen, welche die schöpferischen Fähigkeiten der Frauen freisetzen« (Salomon 1983, S. 214 f.). Über die »Idee einer Hochschule für Frauen« schrieb sie:

Die Idee einer Hochschule für Frauen

Eine Akademie für soziale und pädagogische Frauenarbeit ist vor kurzem in Berlin gegründet worden, die sich bewußt an die Gedanken anlehnt, die *Spranger* in seiner Schrift über die Idee einer Hochschule für Frauen und die Frauenbewegung im Jahre 1916 entwickelt hat. Als vor Jahrzehnten die Frauenbewegung das Recht auf höhere Bildung, die Eröffnung der Universitäten für die Frauen forderte, war der Maßstab, nach dem die Frauen ihr eigenes Können bewerteten, die Bildung, die von Männern erlangt werden konnte. Fünfundzwanzig Jahres des Frauenstudiums haben genügt, um den Frauen klar zu machen, daß die Frau im Universitätsstudium in der Regel nicht das gefunden hat, was die Pioniere der Frauenbewegung davon erhofften. Viele der Frauen, die studiert haben, sind dabei zu keinem Glück und zu keiner Befriedigung gelangt. Noch schwerwiegender aber ist, daß im Grunde genommen vom Frauenstudium her spezifische weibliche Kulturleistungen nur im geringsten Ausmaß gefördert worden sind.

Wer die Ergebnisse psychologischer Forschung der letzten Jahrzehnte kennt, kann dadurch kaum in Erstaunen versetzt werden. Denn die Aufgabe der Universität ist Pflege der Wissenschaft in ihrer objektiven Gestalt. Das Wesen der Frau aber, das eigentümliche Merkmal weiblicher Art liegt darin, daß die Frau zu einem Schaffen und Erleben neigt, das in irgendeiner Form Teilnahme am fremden Leben ist. Dazu kann die Universität die Frau nicht führen.

Sicherlich würde kein Mensch mehr daran denken, das Recht der Frau zum Studium an den Universitäten und Hochschulen zu widerrufen. Es wird immer Frauen geben, die einen theoretischen Beruf und eine Arbeit auf rein wissenschaftlichem Gebiet suchen, und ihnen muß der Weg dazu frei bleiben. Aber die Mehrzahl der Frauen, die ihren Beruf nicht in der Familie finden, suchen für ihre Lebensarbeit etwas anderes. Sie suchen eine Tätigkeit, bei der ihre schöpferische Kraft zur Wirkung gelangen kann. In der Rangordnung der Werte erscheint der Frau ihrer innersten Natur nach als höchster Wert *der Mensch*. Die Frau ist ihrem innersten Wesen nach Menschenbildnerin, nicht Wertbildnerin. Dadurch erklärt sich, daß die Frauen in so großer Zahl den Bildungsanstalten zuströmen, in denen sie in irgendeiner Form für Pflege und Fürsorge am lebendigen Menschen vorbereitet werden; den pflegerischen, den pädagogischen, den sozialen Fachschulen. Hier finden sie den eigentlichen Geist frauenhafter Arbeit. Aus diesen Anstalten geht im Grunde genommen die moderne Frau hervor. Denn wie *Spranger* einmal sehr treffend gesagt hat, ist doch nicht eigentlich die berufstätige Frau der neue und überraschende Typus. Sie könnte auch ein Gebilde der Not sein. Neu, anders als frühere Generationen ist die von sozialem Verantwortungsbewußtsein erfüllte Frau. Sie ist »das Werk sittlicher Höherbildung«.

Diese Anstalten sehen auf eine zwanzig- bis fünfzigjährige Entwicklung zurück. Sie haben niemals den Anspruch erhoben, zu wissenschaftlicher Arbeit vorzubereiten. Sie wollten in ihrer Struktur theoretische und praktische Ausbildung miteinander verflechten; aber die Theorie immer auf die unmittelbare Auswirkung im praktischen Leben einstellen. Die ersten dieser Anstalten trugen deutlich den Stempel ihrer Gründerinnen. Sie waren aus intuitiver Kraft hervorgegangen.

Seit die Bewegung in die Breite gegangen ist, sind die meisten der neuen Berufe durch staatliche Vorschriften geregelt worden, die Bildungsanstalten staatlichen Normen und staatlicher Aufsicht unterstellt. Das Ergebnis ist, daß ein Mindestmaß von Wissen und Können bei den Angehörigen der sozialen und sozialpädagogischen Berufe gesichert wird, daß aber auch dieses Mindestmaß sehr leicht das Niveau der ganzen Berufsbildung bestimmt. Es hat sich so etwas wie ein neues mittleres Beamtentum für diese weiblichen Berufsgruppen entwickelt.

Den an Verstand und Seele besonders begabten Frauen kann diese »mittlere Leistung« nicht genügen. Die vorhandenen Ausbildungsstätten können auch nicht die Führerinnen hervorbringen, die nötig sind, um die Bewegung weiter zu tragen. Auch die Universität ist hierfür nicht die geeignete Stelle. Denn ihr fehlt die Verbindung mit dem praktischen Übungsfeld; ihr fehlen auch Lehrkräfte für soziale und pädagogische Arbeit, die von der Praxis herkommen und ihre Erfahrungen dort gesammelt haben. Das alles hat seit langem zu dem Gedanken geführt, den Fachschulen für Frauen einen zentralen Aufbau zu schaffen, eine hochschulartige Stätte, die imstande ist, die wissenschaftliche Durchbildung für die Berufe zu übernehmen, die einen spezifisch weiblichen Stempel tragen.

Diese »Akademie für soziale und pädagogische Frauenarbeit« ist jetzt in Berlin entstanden. Bestimmte Wissensgebiete wie Hygiene, Pädagogik, Psychologie, die sozialen Wissenschaften sollen dort so betrieben werden, daß sie im Hinblick auf die praktische Arbeit, aber mit wissenschaftlichen Methoden durchgearbeitet werden.

Die Akademie wendet sich nicht an die Masse der Frauen. Sie will besonders Begabte, die über die mittleren Leistungen hinausstreben, weiter bilden, ihnen zu äußerem Aufstieg wie zu einem tieferen Eindringen in die geistigen Grundlagen ihres Berufes helfen.

Die pädagogische wie die soziale Arbeit braucht Führerinnen für höhere und leitende Posten. Sie braucht Menschen, die über die Tagesarbeit hinaus der sozialen und pädagogischen Arbeit neue Ziele stecken.

> Die Akademie will aber auch zu einer Stätte werden, in der Lehrkräfte für die sozialpädagogischen Bildungsanstalten wie Frauenschulen und Wohlfahrtsschulen ausgebildet werden. Denn aus dem Mangel an Frauen, die für solche Aufgaben geeignet sind, erwächst der Entwicklung der höheren Fachschulen dieser Gebiete eine wirkliche Gefahr.
>
> Die Akademie ist gegründet in dem Glauben, daß der Aufstieg Deutschlands nicht möglich ist, wenn nicht aus der Zeit der Not, durch die wir hindurchgehen, Mut und Kraft für neue Aufgaben geboren wird. Sie ist gegründet in dem Glauben, daß der Aufstieg nicht nur abhängig ist von der Förderung von Kunst und Wissenschaft und Wirtschaft, sondern ebensosehr von Werten, die Frauen mit kulturellem Verantwortungsgefühl schaffen können, nämlich von der Pflege und Bildung gesunder, glücklicher, leistungsfähiger Menschen. Sie allein machen schließlich den wahren Reichtum eines Landes aus. (Salomon 1926, S. 125ff.)

Die Veranstaltungen der »Hochschule für Frauen« umfaßten »ihrer Zwecksetzung gemäß *Jahreskurse* für Sozialbeamtinnen, Jugendleiterinnen, Volksschul-, Berufsschul-, Fachschul-, Handels- und landwirtschaft-

MITTEILUNGEN

AUS DER

BARBAROSSASTRASSE 65

BERLIN W 30 · FERNSPRECHER: B 7 PALLAS 7476

OKTOBER 1931

INHALTSVERZEICHNIS:

Quelle: Ida-Seele-Archiv; Akte: Alice Salomon, Nr. 1/2/3/4

liche Lehrerinnen, die sich ein Jahr lang für wissenschaftliche Arbeit freimachen«. Daneben wurden noch »ein- und zweijährige Studienkurse für Akademikerinnen, ferner einjährige theoretische Kurse zur Ausbildung von Schwestern in leitender Position« eingerichtet. Hinzu kamen noch »*Nachmittagskurse* während des Winterhalbjahres zur Weiterbildung von Berliner Berufsarbeiterinnen, mehrwöchentliche Fortbildungskurse für Angehörige der sozialen, pädagogischen Berufsgruppen, *wissenschaftliche Kurse für Mütter* und endlich *öffentliche Vorträge* und *Vorlesungsreihen* für Frauen *und* Männer«.

Die einzelnen Kurse für die berufstätigen Frauen gliederten »sich in Vorlesungen und Arbeitsgemeinschaften, die sich um Fragen aus den verschiedenen Gebieten« gruppierten und von sachverständigen Frauen und Männern geleitet wurden.

Den Abschluß bildete »eine größere Arbeit jeder Teilnehmerin, in der sie Erfahrungen aus ihrer Praxis wissenschaftlich« auszuwerten hatte. Die Mütterkurse, »die geistige Reife und Befähigung zu wissenschaftlicher Arbeit« voraussetzten, bestanden aus »Vorlesungen mit anschließender Erörterung« (Altheimer 1997, S. 38f.)

Schließlich richtete die Akademie noch eine Forschungsabteilung ein, die später zu einem »Institut für sozialwissenschaftliche Forschung« ausgebaut wurde, »das die besonderen Erfahrungen und Einsichten der Frauen in Familie, Beruf und öffentlichem Leben« (Altheimer 1997, S. 39) auszuwerten beabsichtigte.

Unter Alice Salomons Federführung erschienen zwischen 1930 und 1933 dreizehn Bände einer Untersuchung über *Bestand und Erschütterung der Familie in der Gegenwart.* Nachfolgend die Einzeltitel der Untersuchung:

Forschungen über »Bestand und Erschütterung der Familie in der Gegenwart.« Herausgegeben von Alice Salomon

Band I *Das Familienleben in der Gegenwart.* 182 Familienmonographien. Herausgegeben von Alice Salomon und Marie Baum. Berlin, 1930.

Band II *Zur Struktur der Familie. Statistische Materialien.* Von Annemarie Niemeyer. Berlin, 1931.

Band III *Die Familienverhältnisse von Kindern in Kindergärten, Horten und Tagesheimen.* Von Dr. Erna Corte. Berlin, 1930.

Band IV *Der Jugendliche in der Großfamilie.* Von Günter Krolzig. Berlin, 1930.

Band V *Rhythmus des Familienlebens. Das von einer Familie täglich zu leistende Arbeitspensum.* Von Dr. Marie Baum und Dr. Alix Westerkamp. Berlin, 1931.

Band VI *Die Zusammensetzung des Familieneinkommens.* Von Dr. Agnes Martens-Edelmann. Eberswalde, 1931.

Band VII *Über die häusliche Hilfeleistung von Kindern und Jugendlichen.* Von Margreth Barth und Annemarie Niemeyer. Eberswalde, 1932.

Band VIII *Heimlosigkeit und Familienleben.* Von Dr. Hanna Meuter. Eberswalde, o.J.

Band IX *Heimlose Männer.* Von Dr. Ventur Schaidnagl. Eberswalde, o.J.

Band X *Familienverhältnisse geschiedener und eheverlassener Frauen.* Von Dr. Elisabeth Frank. Eberswalde, o.J.

Band XI *Erwerbstätige Mütter in vaterlosen Familien.* Von Elisabeth Luedy. Eberswalde, o.J.

Band XII *Die hauswirtschaftliche und Mutterschaftsleistung der Fabrikarbeiterin.* Von Dora Hansen-Blancke. Eberswalde, o.J.

Band XIII *Lebensverhältnisse lediger Mütter auf dem Lande.* Von Marga Meusel. Eberswalde, 1933.

Forschungen der Deutschen Akademie für soziale u. pädagogische Frauenarbeit über

Bestand und Erschütterung der Familie in der Gegenwart

unter Leitung von **Alice Salomon** und **Gertrud Bäumer**

BAND I: **Das Familienleben in der Gegenwart** von Alice Salomon und Marie Baum unter Mitarbeit von A. Niemeyer u. a. Brosch. 11.70 Mark. In Ganzleinen gebunden 13.50 Mark.

Aus dem Inhalt: 70 monographische Darstellungen von Familienbildern aus Berlin, 23 aus städtischen und ländlichen Verhältnissen Nord- u. Mitteldeutschlands; 89 aus Süd- u. Mitteldeutschland.

BAND II: **Zur Struktur der Familie.** Statistische Materialien. Von Annemarie Niemeyer. Brosch. 6.75 Mark. Gebunden 8.10 Mark.

Inhalt: I. Allgemeines über die Statistik der Familie. — II. Materialien: Familienbestand — Familienbildung und Veränderungen (Familiengründung — Ehelösungen — Ehedauer — Familienwachstum — Der Geburtenrückgang in der Familie als bevölkerungspolitisches Problem) — Familie und Wirtschaft — Familie und Wohnung — Familienhaushaltungen.

BAND III: **Die Familienverhältnisse von Kindern in Krippen, Kindergärten, Horten und Tagesheimen** von Erna Corte. Brosch. 2.57 Mark. In Ganzleinen gebunden 4.05 Mark.

Inhalt: Der äußere Bestand der Familie. — Die Mütter. — Die Väter. — Die Geschwister — Warum sind die Kinder in der Tagesstätte untergebracht. — Alter der Kinder und Dauer des Heimbesuchs. — Die Lebensverhältnisse der Kinder eines Berliner Hortes.

BAND IV: **Der Jugendliche in der Großstadtfamilie.** Auf Grund von Niederschriften Berliner Berufsschüler und -schülerinnen von Günther Krolzig. In Ganzleinen gebunden 6.75 Mark. Brosch. 5.18 Mark.

Inhalt: I. Teil. Vollständige Niederschriften (familiär gebundene Jugendliche. — Gespannte Beziehungen. — Gelöste Beziehungen). — II. Teil. Einzeldarstellungen. (Die soziale Lage — Die Familienmitglieder. — Der Familiengeist. — Die Lösung von der Familie. — Die Einstellung des Jugendlichen zu seiner Familie.) Schlußergebnisse.

BAND V: Rhythmus des Familienlebens. Das von einer Familie täglich zu leistende Arbeitspensum. Mit 7 Tabellen und 38 Kartogrammen von Marie Baum und Alix Westerkamp. Brosch. 8.10 Mark. Gebunden 9.68 Mark.

F. A. Herbig Verlagsbuchhandlung, G. m. b. H., Berlin W 35, Flottwellstrasse 4

Ida-Seele-Archiv; Akte: Alice Salomon, Nr. 1/2/3/4

Bewunderung, aber auch Kritik gilt heute diesen dreizehn Monographien:

> Es ist beeindruckend, mit welchem Idealismus (alle Arbeiten wurden ehrenamtlich durchgeführt), aber auch mit welcher Naivität diese Mitarbeiterinnen (und die beiden männlichen Mitarbeiter; M.B.) damals an ihre Forschungsarbeit herangingen. Sich selbst und die Verzerrung, die durch ihre eigene bürgerlich-moralische Werthaltung mit in die Beurteilung einfließt, haben die Bearbeiterinnen (und Bearbeiter; M.B.) nicht reflektiert... Befremdend wirkt heute auf uns die abwertende Haltung Müttern gegenüber wie z.B. »gewöhnliches Wesen«, »hat zeitweise Liebeserlebnisse«, »besonders triebhafte Veranlagung« etc... Was uns heute in diesem Band der Monographien anspricht, sind qualitativ, nicht statistisch analysierende Fallstudien von Familien, meist Unterschichtsfamilien, die durch eine Art teilnehmender Beobachtung am Vorabend des Drittes Reiches erhoben worden sind. Es ist eine Fülle von authentischem Material zusammengetragen worden: einerseits anrührend, wie Familien angesichts von Inflation, Depression und Arbeitslosigkeit Überleben für sich möglich machen, wie sie arbeiten, wirtschaften, Freude erleben, Feste feiern und sich um die Zukunft ihrer Kinder sorgen, andererseits auch erschütternd, wie Dumpfheit, Monotonie, politische Unaufgeklärtheit unter sozial und wirtschaftlich engen und ungünstigen Bedingungen entstehen kann. (Hecker 1984, S. 214 ff.)

Neben ihren vielfältigen Aufgaben fand Alice Salomon weiterhin Zeit, schriftstellerisch tätig zu sein. Sie war »eine Meisterin der flinken Feder, der flotten Kompilation und der Vielfachverwertung«, meint aus heutiger Sicht Christoph Sachße (1993, S. 38). 1926 erschien wohl eines ihrer wichtigsten Bücher mit dem Titel *Soziale Diagnose.* Diese Publikation gilt als erster Ansatz einer »Theorie des Helfens«. Mit diesem Lehrbuch, einer Einführung in die Methoden der Fürsorge, versuchte sie »Anschluß an die amerikanische Tradition« zu gewinnen. Gleichzeitig ist Alice Salomon geglückt, »was Mary Richmond in ihrem... mit großem Forschungsaufwand zusammengestellten Buch *Social Diagnosis* nicht gelungen war: eine Beziehung zwischen Ermittlungstätigkeit und pädagogischer Tätigkeit herzustellen« (Müller 1988, S. 143). Alice Salomons Buch gliedert sich in zwei Teile:

> Der erste Teil behandelt die Methoden der Fragestellung, der Ermittlung und der »Diagnose« der individuellen Notlage. Ähnlich wie der Arzt darf der Sozialarbeiter nicht bei der Ermittlung einzelner Tatbestände stehenbleiben; eine gute Diagnose besteht vielmehr darin, alle Seiten des menschlichen Lebens – Anlage, Entwicklung, Milieu und Schicksal – zu erfassen, sie zu einem Gesamtbild zu vereinigen, welches den Ausgangspunkt für die »Therapie«, die Hilfeleistung bildet. Eine gute Diagnose besteht demgemäß

aus drei Schritten: erstens in der Beschaffung des Materials, der Tatsachen aus dem Leben des Bedürftigen und seiner Familie; zweitens in der Analyse des Materials, die vor allem wissenschaftliche Kriterien und Methoden – zum Beispiel Prüfung der Kompetenz, Objektivität, induktive und deduktive Methoden der Schlußfolgerung – erfordert. Der dritte Schritt ist dann die Herstellung des Gesamtbildes, wofür es nach Alice Salomons Ansicht keine Technik gibt, die vielmehr von der persönlichen Begabung des Sozialarbeiters abhängt. In der folgenden ausführlichen Darstellung der Ermittlungstechnik werden demzufolge nur die ersten beiden Schritte behandelt.

Der zweite Teil des Buches – »Zur Theorie des Helfens« – geht aus von Alice Salomons These, daß das Leben eine Kunst ist, die jeder Mensch erst lernen muß. Die Kunst zu leben besteht in der Auseinandersetzung mit der Welt und letztlich in der Fähigkeit zur Anpassung, zur Herstellung einer Harmonie mit Umwelt, Lebensbedingungen, Mitmenschen und Schicksal. Ausgehend von dieser These behandelt sie Kunst und Funktion des Helfens. Es geht einerseits darum, wie man die sachlichen Hilfsmittel zur Verbesserung der Lebensumstände bereitstellt (Anpassung der Lebensumstände an den Menschen, materielle Hilfen und soziale Reformen). Wichtiger und zugleich schwieriger aber ist die Aufgabe, wie man dem Menschen hilft, sich seiner Umgebung anzupassen, und zwar nach dem Prinzip der »Hilfe zur Selbsthilfe« (Persönlichkeitsentwicklung durch bewußte Anpassung des Menschen an seine Umwelt). Hier geht es Alice Salomon um die wichtige, die Persönlichkeit des Sozialbeamten fordernde Aufgabe des Führers und Pädagogen. (Orywa/Dröge 1989,S. 96 f.)

Treffsicher kommt Alice Salomon in ihrem Buch *Soziale Diagnose* zu dem Schluß:

> Wahre Hilfe kann der Mensch dem Menschen nur bringen, wenn fremde Not, wenn fremdes Leid für ihn zum eignen wird, wenn es ihm im Herzen brennt. Die bessere Technik, die durchdachte Methode ist nur ein Werkzeug – als solches nützlich und unentbehrlich. (Salomon 1926, S. 66)

Die internationalen Kontakte im Bereich der sozialen Arbeit lagen geradezu »auf Eis«, als Alice Salomon von dem belgischen Sozialmediziner René Sand 1925 aufgefordert wurde, die »Internationale Konferenz für soziale Arbeit«, deren Vorläufer bis auf das Jahr 1856 zurückgingen, vorzubereiten. Alice Salomons besondere Aufgabe bezog sich auf die soziale Berufsausbildung. Über 5000 Personen nahmen an dem 1928 in Paris stattfindenden Kongreß teil.

Während der Pariser Konferenz wurde der Antrag gestellt, eine »Internationale Vereinigung sozialer Schulen« zu gründen. Nach intensiver Vorarbeit lud Alice Salomon 1929 nach Berlin ein, um die Gründung vorzunehmen. Sie wurde zur Vorsitzenden gewählt. Die Gründung des »Internationalen Komitees Sozialer Schulen« wurde mit einem Abendempfang auf dem Dachgarten der Sozialen Frauenschule gefeiert (vgl. Fritsche 1996, S. 89ff.).

Während Alice Salomon auf dem Gebiet der sozialen Ausbildung große Erfolge verbuchen konnte, hatte sie solche nicht innerhalb der internationalen Frauenbewegung. Das sich gegen Ende der Weimarer Republik verbreitende »antisemitische Gift«, das schon Alice Salomons Vorsitz in der deutschen Frauenbewegung verhindert hatte, schwappte jetzt auch international über. Lady Aberdeen legte im Jahre 1928 ihr Amt als Präsidentin des »Internationalen Frauenbundes« nieder und schlug Alice Salomon als ihre Nachfolgerin vor. Lady Aberdeen wurde jedoch von der Vorsitzenden des »Bundes Deutscher Frauenvereine«, Emma Ender, darauf aufmerksam gemacht, »daß man Alice Salomons Kandidatur aus rassepolitischen Gründen nicht unterstützen könne« (Peyser 1958, S. 107 f.). Die Präsidentin war darüber tief betroffen und verschob ihren Rücktritt um weitere fünf Jahre:

> Als dieser Zeitpunkt kam, 1933, hatten die deutschen »Vorurteile« den Charakter offizieller Machtpolitik angenommen, und Alice Salomon hatte größere Sorgen als den Verlust ihrer Kandidatur für den Vorsitz im Internationalen Frauenbund. (Peyser 1958, S. 108)

Doch kehren wir ins Jahr 1932 zurück, zumal dieses noch einen Höhepunkt im Leben Alice Salomons bedeutete. Sie feierte ihren 60. Geburtstag. Dieser wird von Dora Peyser als »Erntefest ihres Lebens« (Peyser 1958, S. 110) beschrieben. Ein weiterer Biograph, Joachim Wieler, greift diese Bezeichnung auf und gibt einem Kapitel seines Buches den Titel »Ernte vor dem Sturm« (Wieler 1987, S. 53). Eine reiche Ernte konnte Alice Salomon einfahren: Alles was Rang und Namen hatte, kam zur Geburtstagsfeier: Freunde, (frühere) Mitarbeiter/innen, (ehemalige) Schülerinnen, Vertreter/innen des öffentlichen Lebens aus dem In- und Ausland. Wer nicht persönlich kommen konnte, schickte Glückwunschtelegramme: Ellen Ammann, Gertrud von Le Fort, Anna Heim-Pohlmann, Bertha Pappenheim, Else Peerenboom, um nur einige wenige zu nennen. Auch die drei großen konfessionellen Frauenverbände (der jüdische, evangelische und katholische) gedachten ihrer. Der BDF widmete dem Geburtstagskind das Aprilheft seiner Zeitschrift *Die Frau*, das Preußische Staatsministerium verlieh ihr in Anerkennung ihrer Verdienste um die Volkswohlfahrt die Silberne Staatsmedaille, die von Alice Salomon gegründete Soziale Frauenschule erhielt offiziell ihren Namen.

Auf einstimmigen Beschluß der Medizinischen Fakultät der Friedrich-

39. Jahrgang. Heft 7 April 1932

DIE FRAU

Begründet von Helene Lange
Herausgegeben von Gertrud Bäumer

Alice Salomon zum sechzigsten Geburtstag.

Der Inhalt dieses Heftes verbindet ein großes Gebiet schöpferischer Frauenarbeit mit dem Namen der Frau, die es entdeckt und erschlossen hat: Die soziale Fürsorge im weitesten Sinn, mit dem Namen von Alice Salomon, deren 60. Geburtstag es feiern helfen soll.

Die Beiträge aus allen Kreisen der sozialen Arbeit spiegeln die vielseitige Einwirkung von Alice Salomon auf Anstoß, Wesen, Ideologie, Praxis der gegenwärtigen Wohlfahrtspflege, auf die Ausbildung ihrer Kräfte, auf die Herstellung der vielseitigen Beziehungen zu anderen Gebieten, zu anderen geistigen Bewegungen, zum Ausland. So erscheint das Bild eines vielgestaltigen und doch sehr einheitlichen persönlichen Lebenswerkes. Einiges bleibt zu sagen — nur um die in den Beiträgen angedeuteten Linien noch einmal zusammenzuziehen.

Die Mädchen- und Frauengruppen für soziale Hilfsarbeit, innerhalb deren 1893 das Werk von Alice Salomon begann, entstehen am Knotenpunkt von drei geistig-sozialen Bewegungen: einer ethisch-liberalen, einer sozialpolitisch-sozialreformerischen und der Frauenbewegung. Volksleben mit dem Verantwortungsbewußtsein aller für einander zu durchdringen, das in der persönlichen Haltung des Einzelnen zum Ausdruck kommen muß, Methoden der Wohlfahrtspflege zu finden, die sowohl dem Massenproblem des Maschinenzeitalters wie der Gefahr immer verhängnisvollerer Klassenspaltung begegnen — und schließlich in diese Aufgabe die Frau schaffend, ja letztlich führend einzustellen, das war der dreifache große Sinn des kleinen Werkes, das um das Jahr 1890 begann. Wie das miteinander aus diesen Wurzeln wuchs — ganz organisch und in lebendiger Anpassung an den Wandel der geistigen, der sozialen, der wirtschaftlichen Lage, — das spiegelt dieses Heft.

Eins allerdings kann vielleicht in der Begrenzung des Inhalts auf die Wohlfahrtspflege nur mittelbar deutlich werden: der Anteil, den Alice Salomon an der Frauenbewegung auch außerhalb ihres eigentlichen Arbeitsgebietes hatte. Es lag ja in der Weite und Geistigkeit begründet, mit der sie ihr eigentliches Lebenswerk gestaltete, daß es über seine Grenzen hinauswies — und nur eine Persönlichkeit, die auch außerhalb irgendwelcher Fachlichkeit im geistigen Leben steht, konnte eine Einzelaufgabe so lebendig und belebend erfassen. So bedeutet ihr Name zugleich einen sehr wesentlichen Beitrag zu der allgemeinen, grundsätzlichen geistigen Leistung der Frauenbewegung — er erscheint in dem Führerinnenkreis Deutschlands und des Auslandes auch gelöst von dem Fachgebiet: soziale Arbeit, immer jedoch von dem besondern Ethos dieses Werkes umgeben.

Alice Salomon hat seit 1909 dem Vorstand des Internationalen Frauenbundes angehört, seiner ehrwürdigen Vorsitzenden Lady Aberdeen in naher persönlicher Freundschaft verbunden, eine der führenden Mitgestalterinnen der internationalen Organisation und ihrer Arbeit. An der Feier ihres Geburtstages wird im Bereich des Internationalen Frauenbundes der „Erdball" teilnehmen, und die kommende internationale Konferenz für die Wohlfahrtspflege in Frankfurt a. M. wird auch auf deutschem Boden ihre internationale Geltung zeigen.

Mehr als dies alles ist der Kreis lebendiger Menschen, die von ihr den Anstoß zu ihrer Arbeit — Arbeit in der Bedeutung von Lebensinhalt und Lebenssinn — bekommen haben. Nach dem Wort von Carlyle, das über dem Eingang der von ihr begründeten sozialen Frauenschule steht: „Wohl dem, der seine Arbeit gefunden hat."

Gertrud Bäumer.

Wilhelm-Universität zu Berlin erhielt sie (doch noch) die Ehrendoktorwürde der Medizin. Diese sollte ihr eigentlich schon 1929 auf Betreiben von »Geh. San.-Rat Prof. Dr. J. Schwalbe« anlässlich des am 23. November d. J. stattfindenden 30jährigen Jubiläums der »Mädchen- und Frauengruppen für Soziale Hilfsarbeit« (Archiv der Humboldt-Universität zu Berlin, Med. Fak. 1286) verliehen werden. Doch – welch ein Hohn – Alice Salomon konnte 1929 angeblich keine »ausgesprochenen wissenschaftlichen Leistungen« vorweisen, obwohl sie bis dato Hunderte von Fachartikeln und zahlreiche Fachbücher veröffentlicht hatte. Aber J. Schwalbe gab nicht auf, und so konnte Alice Salomon zum 60. Geburtstag die Ehrendoktorwürde überreicht werden. In ihrer Dankesrede sprach Alice Salomon auch von ihren Enttäuschungen und Mißerfolgen. Und enthielt diese nicht auch eine verschleierte Warnung? Sie sagte:

> Und das ist, daß man sich nie, weder mit einem Mißerfolg noch mit einem Erfolg zurfriedengeben, daß man sich nicht damit beruhigen darf. Einen Mißerfolg soll man nie hinnehmen, ohne zu versuchen, ihn umzubiegen. Aber noch weniger darf man sich mit einem Erfolg beruhigt schlafenlegen. Denn sonst wird über Nacht etwas ganz anderes daraus. Sagen wir einmal: aus einem beschwingten Idealismus ein Brotberuf, oder aus dem Streben nach sozialer Gerechtigkeit eine bürokratische Aufgabe. Immer muß man auf der Wacht sein. (Dietrich 1954, S. 440)

DEUTSCHE MEDIZINISCHE WOCHENSCHRIFT
Fernspr.: B 5 Barbarossa 1456 / BERLIN W 30 / Viktoria-Luise-Platz 1

Schriftleitung:
Geh. San.-Rat Prof. Dr. J. Schwalbe
Prof. Dr. R. von den Velden
Dr. med. et phil. Paul Wolff

8.XI.29
53

Berlin W 30, den 7. November 29.

Euer Spectabilität

unterbreite ich hierdurch den Antrag, bei der medizinischen Fakultät Berlins für Fräulein Dr. Alice Salomon, Berlin, anlässlich des am 23. November d. J. stattfindenden 30jährigen Jubiläums der von ihr gegründeten Spzialen Frauenschule den medizinischen Ehrendoktortitel erwirken zu wollen. Ich darf dabei verweisen auf die Tatsache, dass seitens der medizinischen Fakultäten schon wiederholt an Frauen wegen ihrer Leistungen zugunsten der öffentlichen Wohlfahrt die gleiche Auszeichnung verliehen worden ist. Über die Verdienste, die sich Fräulein Dr. Salomon nach der angegebenen Richtung erworben hat, gibt die anliegende Übersicht Auskunft.

In der Hoffnung, dass es möglich sein wird, meinem Antrage Folge zu geben, bin ich mit besten Empfehlungen

Euer Spectabilität

in grösster Hochachtung sehr ergebener

J. Schwalbe

An den Dekan der medizinischen Fakultät
Herrn Prof. Friedrich
Berlin C.2.

Quelle: Archiv der Humboldt-Universität zu Berlin, Med. Fak. 1286

25 April 32

Frau A l i c e S a l o m o n

Dr. der Philosophie

wird auf einstimmigen Beschluss der med. Fakultät der Friedrich-Wilhelm Universität zu Berlin die Würde eines Ehrendoktors der Medizin verliehen.

Sie ist eine Frau, deren ausserordentlichen Leistungen auf dem Gebiete der öffentlichen Wohlfahrtspflege feststeht, was von der medizinischen Fakultät besonders anerkannt wird. Sie ist führend in ihrem Vaterlande für die soziale Bewegung gewesen, für den Schutz der Arbeiterinnen, insbesondere der Mütter und in der Ausbildung der Frauen für die sozialen Berufe. Sie hat den 'Aufbau des Fachschulwesens geschaffen in der Akademie für soziale und pädagogische Frauenarbeit. Durch ihre Schriften und ihre Lehrtätigkeit wie durch ihre grosse Organisationsgabe vollzog sie eine Lebensleistung, welche für das Wohl und die Gesundheit der Menschheit grosse Bedeutung hat und ihr den Dank gerade der medizinischen Wissenschaft

. . .

Quelle: Archiv der Humboldt-Universität zu Berlin; Med. Fak. 1286

ALICE SALOMON.

Am 19. April begeht Dr. Alice Salomon ihren 60. Geburtstag. Die katholische Frauenbewegung gedenkt in diesen Tagen ihrer Persönlichkeit und ihres Werkes. Ihr Name ist mit der Geschichte der sozialen Frauenbildung auf das engste verknüpft. Aus einer Zeit erwachsen, die dem Mädchen der Bildungsschicht kaum Möglichkeiten zu geistiger Tätigkeit bot, hat Alice Salomon tatkräftig und durchglüht von innerem Helferdrang die ersten Schritte in die soziale Arbeit getan, die sich ihr in den „Mädchen- und Frauengruppen für soziale Hilfsarbeit" anbot. An der Seite Jeannette Schwerins, deren Nachfolgerin sie wurde, baute sie die „Jahreskurse für berufliche Ausbildung für ehrenamtliche soziale Arbeit aus und legte den Grund zur „Sozialen Frauenschule", die im Jahre 1908 in Berlin Gestalt gewann. Wenn sich heute die private Liebestätigkeit im großen Ausmaß zur öffentlichen Wohlfahrtspflege entwickelt hat, wenn aus einer ehrenamtlichen Arbeit der klar geprägte Berufsstand der Fürsorgerin erwachsen ist, wenn der soziale Kurs heute zur Wohlfahrtsschule mit staatlichem Charakter geworden ist, so ist dies im wesentlichen ihr Werk. Ihr Gedanke der Sozialen Schule wirkte richtunggebend auch auf die Gestaltwerdung der männlichen Wohlfahrtsschule. In der „Konferenz der Sozialen Frauenschulen und Wohlfahrtsschulen Deutschlands" steht sie an der Spitze einer Arbeitsgemeinschaft von zirka 50 blühenden deutschen Wohlfahrtsschulen. Sie trägt die „Akademie für Soziale und Pädagogische Frauenarbeit" die sie in Berlin als zentrale Fortbildungsstätte für soziale Berufe und als bedeutende Forschungsstätte für soziale Arbeit nach eigener Idee geschaffen hat. Sie ist gleichzeitig an der 1928 erfolgten Gründung des „Internationalen Komitées Sozialer Schulen" führend beteiligt. Über ihre ausgedehnte schriftstellerische Tätigkeit kann hier nur das eine gesagt werden, daß das prägende Schrifttum für die heutigen Wohlfahrtsschulen aus ihrer Feder geflossen ist.

Der 60. Geburtstag sieht Alice Salomon vor einem reich gesegneten Erntefeld. Sie hat, wie es einem Schaffenden selten geschenkt ist, ihre Saat stetig und organisch reifen sehen. Daß sie heute vor einem abgerundeten Werke steht, verdankt sie der Unbeirrbarkeit ihrer Linie, der Tatkraft ihrer Führerschaft und der Tiefe ihres Wesens, die bei aller Aktivität ihre in weltanschaulicher Grundhaltung verankerte Frauenkraft im Innersten bewahrt hat.

Dr. Maria Offenberg.

Quelle: Ida-Seele-Archiv; Akte: Alice Salomon, Nr. 1/2/3/4

Eigentlich hätte Alice Salomon beruhigt dem wohlverdienten Ruhestand entgegensehen können. Die Leitung ihrer beiden großen Ausbildungsstätten lag in guten Händen. Die Soziale Frauenschule wurde von Charlotte Dietrich, die Frauenhochschule von Hilde Lion geleitet. Doch mit dem Machtantritt Hitlers trat für sie als »Christin jüdischen Blutes« die Katastrophe über ihr Lebenswerk ein.

4. Von der Entlassung aus allen öffentlichen Ämtern und Alice Salomons Emigration bis zu ihrem Tode (1933–1948)

Joachim Wieler hat in seiner Dissertation in jahrelanger detektivischer Kleinarbeit die Spuren Alice Salomons vom Beginn der Nazi-Diktatur bis zu ihrem Tode verfolgt. Ein Verdienst, der für die historisch/sozialarbeiterische Forschung nicht hoch genug geschätzt werden kann. Alice Salomon selbst beschreibt den Beginn der Nazi-Diktatur als »ein schmerzliches Erwachen vom Traum des ›deutschen Idealismus‹, der nichts weiter war, als ein Vogel-Straußartiges Verstecken vor der Realität«. Und weiter fragte sie sich:

> Konnte dies wirklich im zwanzigsten Jahrhundert im Herzen Europas geschehen? Daß alle Ärzte jüdischer Abstammung keine Patienten mehr zu sehen bekamen und ihre Häuser mit Hakenkreuzen beschmiert fanden... , daß Braunhemden die Straße beherrschten und die Juden zwangen, ihre Geschäfte zu schließen und sich wie Eulen in ihren Häusern zu verstecken? (Salomon 1983, S. 236)

Alice Salomons erster Schritt war, den Vorsitz in der »Konferenz der sozialen Frauenschulen (Wohlfahrtsschulen) Deutschlands« niederzulegen. Der zweite entscheidende Schritt wurde ihr aufgezwungen: die Auflösung der »Frauenakademie«. Eines Tages, im Mai 1933, kam eine Beamtin des Erziehungsministeriums, ihre Freundin Helene Weber, zu Alice Salomon und riet ihr dringend, die jüdische Direktorin der Frauenakademie, Dr. Hilde Lion, zu entlassen. Das lehnte sie entschieden ab. Darüber ist in ihrer Autobiographie nachzulesen:

> Sie (Helene Weber; M.B.) sagte: »Der neue Erziehungsminister wird mit Briefen bombardiert, die sich darüber beklagen, die Frauenakademie sei eine Brutstätte des Kommunismus.« Das war natürlich absurd, wenn überhaupt, dann tendierten Studenten und Lehrkräfte zum Konservatismus... Ich erklärte, daß wir Dr. Lion deshalb ernannt hatten, weil sie die Beste für diese Stellung und eine der begabtesten Frauen ihrer Generation war; außerdem habe sie einen Vertrag auf Lebenszeit. Ich sagte ihr, daß ich eher die Akademie zerstören würde, die mir so lieb war wie das jüngste Kind, als daß ich eine Mitarbeiterin betrügen würde, und daß ich nie jemanden aus rassischen

oder religiösen Gründen entlassen würde. »Heute kommen Sie ihretwegen«, sagte ich, »morgen werden Sie meinetwegen kommen.«... Meine Besucherin stimmte mit mir überein und sagte: »Aber beeilen Sie sich, Fräulein Salomon. Warten Sie nicht bis zur nächsten Woche. Warten Sie nicht einmal bis morgen. Wenn Sie nicht sofort handeln, werden die Sturmtruppen im Haus sein, und wenn sie einmal da sind, werden sie die ganze Institution beschlagnahmen.« (Salomon 1983, S. 248 f.)

Unmittelbar nach dem Gespräch mit der Beamtin berief Alice Salomon den Vorstand der Frauenakademie telegraphisch ein; vertraute Personen wurden mündlich von Haus zu Haus informiert. So wurde der Entschluß gefaßt, die »Deutsche Akademie für soziale und pädagogische Frauenarbeit« aufzulösen. Entgegen bisherigen Annahmen – Alice Salomon als auch ihre beiden Biographen berichten nicht davon – konnten immerhin Dokumente gerettet werden. Hilde Lion, die in ihren Entscheidungen »mutiger und resoluter« war, setzte sich gegenüber dem Vorstand und Alice Salomon durch, wichtige Dokumente über Vertrauenspersonen an Bertha Schimon, die die Gefahr der Nazi-Diktatur frühzeitig genug erkannt hatte und bereits nach England ausgewandert war, zu übersenden. Hilde Lion schrieb:

Denn einmal wird auch diese schreckliche Zeit vorbei sein und die an Sie übersandten Dokumente können für unsere spätere Arbeit von Bedeutung werden. (zit. nach Berger 1990, S. 405)

Maria Krawinkel, geboren 1903, erinnerte sich in einem Brief an die »Nacht- und Nebelaktion«, als man rettete, was zu retten möglich war:

Ich war Schülerin von Hilde Lion, die damals den »Aufbaukurs« des »Jugendheims« in Charlottenburg leitete, den ich 1927/28 besuchte. Ich glaube, sie war damals zugleich Lehrerin an der Frauenhochschule. Das weiß ich nicht mehr genau. Das »Jugendheim« war eine große Ausbildungsstätte für verschiedene soziale Berufe und wurde von Anna von Gierke gegründet und geleitet. Anna von Gierke stand in einem sehr freundschaftlichen Verhältnis zu Hilde Lion und Alice Salomon. Ich und eigentlich alle meine Mitschülerinnen des »Aufbaukurses« hatten einen herzlichen Kontakt zu Hilde Lion, später wurde daraus eine innige Freundschaft. Durch Hilde Lion lernte ich natürlich auch Alice Salomon kennen. Leider kann ich mich an den konkreten Anlaß nicht mehr erinnern. Alice Salomon war einfach da. Zu ihr hatte ich ebenfalls eine freundliche, aber stets respektvolle Beziehung.

Im Jahre 1933 übernahm ich die stellvertretende Leitung des »Friedrich-Fröbel-Hauses« in Berlin-Niederschönhausen. Ich hatte Kinderpflegerinnen auszubilden. Dort rief mich eines Tages Hilde Lion äußerst erregt an und bat mich, sofort zu ihr in die Frauenhochschule zu kommen. Sie sagte nicht

> warum. »Nimm noch Hertha, Johanna und Edith mit!« rief sie lautstark ins Telefon und beendete abrupt das Gespräch. Was war passiert? Ich stellte mir einen Überfall vor. Aber was sollte an einer Frauenhochschule überfallen werden!? Jedenfalls sammelte ich Hertha, Johanna und Edith ein, die mit mir den »Aufbaukurs« besucht hatten und ebenfalls Hilde Lion verehrten, und eilte mit diesen zur Frauenhochschule. Als wir in Schöneberg ankamen, war ich betroffen. Hilde Lion und Alice Salomon waren nicht mehr wieder zu erkennen, insbesondere Frl. Salomon nicht. Diese kannte ich nur als korrekt gekleidete Frau. Sie trug meistens vornehme schwarze oder graue Kleider, die ein silbernes Kreuz an einer Halskette zierte. Ich konnte sie mir wirklich nicht in einer »Kleiderschürze« vorstellen. Beide Frauen glichen eher Putzfrauen als Direktorinnen, die sie ja waren. Sofort spürten wir, um was es ging, und packten an. Während Frl. Salomon und Hilde Lion die Dokumente sortierten, was zu vernichten und was zu retten war, und hastige Begleitbriefe an die Adressaten schrieben, waren Edith, Hertha, Johanna und ich mit der Verteilung der Dokumente beschäftigt. Übrigens half auch Emmy Wolff mit, Hilde Lions beste Freundin. Alles wurde in verhältnismäßig kleine Pappkartons gepackt, die wir bei 100% zuverlässigen Freundinnen auf ganz Berlin verteilten. Diese wurden dann peu à peu nach England geschickt. Daß das damals gefährlich war, kam mir, kam uns nicht in den Sinn. Wir wollten retten, was zu retten möglich war. Einige Päckchen haben Hertha, Johanna, Edith und ich in unseren Wohnungen (auch in unserem Elternhaus) versteckt... Leider interessierte sich nach dem Zusammenbruch keiner mehr für diese Dokumente. Wer denkt schon daran, wenn es um die Sicherung der Lebensexistenz geht? (Brief vom 25. Mai 1990 an Manfred Berger)

Die geretteten Dokumente geben einen interessanten Einblick in die geplante Arbeit der Frauenakademie. So standen noch einige Untersuchungen zur Forschungsreihe über »Bestand und Erschütterung der Familie in der Gegenwart« zur Veröffentlichung an, die in den nächsten Wochen an den Verlag hätten gehen sollen. Andere Untersuchungen standen kurz vor der Vollendung, sie mußten teilweise nur noch Korrektur gelesen werden. Auch konnte das Manuskript für ein *Fachbuch für Psychologie und Pädagogik, speziell für die Belange der Deutschen Akademie für soziale und pädagogische Frauenarbeit* vor dem Zugriff der Nazis gerettet werden. Dieses war von Maria Schlüter-Hermkes verfaßt worden, die an der Frauenhochschule Psychologie, Pädagogik und Philosophie unterrichtete. Das bereits zum Druck anstehende Werk sollte unter »Forschungen der Akademie für soziale und pädagogische Frauenarbeit, herausgegeben von Dr. Alice Salomon und Dr. Charlotte Dietrich« erscheinen. Auch konnte noch eine von Hilde Lion und Emmy Wolff kommentierte Bibliographie der Schriften Alice Salomons nach England verschickt werden. Derzufolge hat Alice Salomon weitaus mehr Aufsätze publiziert als bei Muthesius (1958) und Orywa/Dröge (1989) aufgelistet werden (vgl. Altheimer 1997, S. 104ff.).

Eine große Anzahl von Briefen wurde in Sicherheit gebracht. Es handelt sich hier um eine umfangreiche Korrespondenz von Alice Salomon und Hilde Lion mit bedeutenden Frauen der (jüdischen) Sozialarbeit und (jüdischen) Frauenbewegung (z.B.: Bertha Pappenheim, Erna Corte, Emmy Beckmann, Marie Baum, Elisabeth und Helene von Thadden, Anna und Hildegard von Gierke, Margarete Gräfin Kayserlingk, Elly Heuß-Knapp, Frieda Wunderlich, Käthe Delius, Gertrud Bäumer und Helene Weber).

Trotz äußerster Anstrengungen konnten »unheimlich viele Dokumente« nicht gerettet werden. Das meiste »loderte bei Freundinnen in gußeisernen Öfen« (Brief von Maria Krawinkel vom 25. Mai 1990 an Manfred Berger). Festzuhalten bleibt,

> daß hier ein zukunftsträchtiger Zweig der sozialen Ausbildung liquidiert wurde, für den es bis heute kein Äquivalent gibt. Einmal mehr zeigt sich an dieser Stelle, wie tiefgreifend und nachhaltig der durch den Nationalsozialismus bewirkte Abbruch kultureller und geistiger Traditionen gewesen ist. – Die Einrichtung einer eigenen, eng mit der Praxis sozialer Arbeit verbundenen Weiterbildungs- und Forschungsstätte war der Höhepunkt und die logische Konsequenz des Werkes von Alice Salomon. Ohne Zweifel hätte die wissenschaftliche Entwicklung der Sozialarbeit einen anderen Verlauf gehabt, wenn diese Einrichtung erhalten geblieben wäre. (Landwehr 1981, S. 70)

Mit der Zeit geriet Alice Salomon immer mehr in Bedrängnis. Darum suchte sie, weil von vielen verlassen, Kontakt zur Bekennenden Kirche und hier besonders beim Dahlemer Pfarrer Martin Niemöller, ohne ihre Heimatgemeinde ganz zu verlassen. Sie gehörte auch zu dem Kreis, der sich vierzehntägig um Anna von Gierke sammelte. Diesem Kreis gehörten Frauen und Männer an, die allesamt den Nazis ein »Dorn im Auge« waren, wie z.B. Theodor Heuß und seine Frau Elly Heuß-Knapp, Maria Schlüter-Hermkes, Elly Coler, Marie Baum (wenn sie in Berlin weilte), Helmut Gollwitzer, Idamarie Solltmann und Elisabeth von Thadden (wenn sie sich in Berlin aufhielt). Die Zusammenkünfte wurden von der Gestapo überwacht. Alice Salomon schrieb diesbezüglich an Anna von Gierke:

> Verehrte Frau von Gierke!
>
> Wir müssen hinsichtlich unserer Zusammenkünfte in Ihrer Wohnung vorsichtiger sein. Es ist der Gestapo bekannt, daß Pastor Niemöller uns über jede Phase des Kampfes der Kirche mit den Nazis informiert. Ich weiß nicht,

woher die Gestapo diese Informationen hat. In unserem Kreis wird sich doch kein Spitzel befinden (?) Mir wurde zugetragen, daß Ihr Haus überwacht und jeder, der ein- und ausgeht, notiert wird. Wäre es nicht besser, wenn wir die Zusammenkünfte in die St. Annen-Kirche (sicher wird uns dort ein geeigneter Raum zur Verfügung stehen) verlegen würden? Die Situation wäre dann für Sie weniger prekär. Wir können ja meinen Vorschlag demnächst besprechen. Ich habe mit Elly Coler schon darüber gesprochen. Sie findet meinen Vorschlag gut.
Ich grüße Sie herzlich
Ihre
Alice Salomon
(zit. n. Fischer 1987, S. 9)

Von welcher Bedeutung für Alice Salomon die Zugehörigkeit zum Kreis um Martin Niemöller war, zeigt, daß sie dem streitbaren Theologen und seinen Aktivitäten gegen das NS-Regime ein eigenes Kapitel in ihrer Autobiographie widmete. In dankbarer Erinnerung schrieb sie über Martin Niemöller, der fast acht Jahre lang von den Nazis in Einzelhaft gehalten wurde:

Er blieb für viele Menschen von bleibendem Einfluß. Menschen, für die die Dahlemer Kirche der erlösende Mittelpunkt des Lebens in Deutschland war. Wir haben die einmalige Erfahrung gemacht, in einer Gemeinde zu leben, in der das Evangelium erneuert wurde und wo die Heilige Schrift unmittelbar gegenwärtig wurde. In Verfolgungen und Ohnmacht hatten wir diese Zuflucht. Kein Tyrann und kein Diktator kann sie uns nehmen. (Salomon 1983, S. 294)

Alice Salomon unterstützte in dieser Zeit, soweit es ging, notleidende Menschen:

So gründete Alice Salomon mit einigen Freunden (dazu gehörte auch die »Nestorin der deutschen Montessoribewegung« Clara Grunwald; M.B.) in Berlin ein kleines Hilfskomitee, zunächst für alle, Juden und Christen, dann, als die jüdischen Hilfsorganisationen zu arbeiten begannen, für die nichtarischen Christen. Die Regierung gab ihr die offizielle Erlaubnis dazu. Ein Sekretär half bei der Arbeit. Alice Salomon hatte besonders Sympathie für die gruppenmäßig nirgends hingehörenden sogenannten »Mischlinge«, ihre materielle Hilflosigkeit und ihre seelische Not. Ihr kleines Komitee half nach bester Möglichkeit wenigstens einer kleinen Zahl, ihr Schicksal auf sich zu nehmen und in der Ferne neu anzufangen. (Peyser 1958, S. 114)

Im Jahre 1934 arbeitete Alice Salomon vom Frühjahr bis Herbst in der Bibliothek des Internationalen Arbeitsamtes in Genf. Das Internationale Komitee Sozialer Schulen hatte sie »mit einem ›Survey‹ über soziale Schulen beauftragt« (Peyser 1958, S. 115). Nach langen vergeblichen Bemühungen konnte Alice Salomon 1937 ihre Forschungsergebnisse veröffentlichen. Ihr letztes Buch erschien in englischer Sprache unter dem Titel: *Education for Social Work. A Sociological Interpretation Based on an International Survey* (übersetzt: Ausbildung zur sozialen Arbeit. Eine soziologische Interpretation auf der Grundlage einer internationalen Erhebung); es wurde herausgegeben vom »International Committee of Schools of Social Work« und von der »Russell Sage Foundation« in Amerika finanziert. Das Buch wurde in Deutschland gedruckt, in der Schweiz verlegt und erschien in einer Auflage von 500 Exemplaren.

Es war für Alice Salomon bestimmt eine Genugtuung, daß es ihr zuvor gelungen war, 1936 im »Verlag für Recht und Gesellschaft« ein Buch über *Heroische Frauen* zu veröffentlichen. Sie plante zunächst, dieses Werk anonym zu publizieren. Doch damit war ihre Freundin im norwegischen Frauenbund, Betsy Kjelsberg, die das Vorhaben unterstützte, nicht einverstanden. So entschloß sich Alice Salomon, »die Kulturabteilung des Auswärtigen Amtes um Erlaubnis zu fragen, um unnötige Schwierigkeiten mit den Nazis zu vermeiden« (Salomon 1983, S. 271 f.). Eine Veröffentlichung der *Heroischen Frauen* wurde ihr mündlich untersagt. Sie bestand aber auf einer schriftlichen Ablehnung:

> Meine Freunde im Ausland werden mir nicht glauben, daß ich nichts veröffentlichen darf, wenn ich es nicht beweisen kann. ... Wenn dieser Vorfall von der Auslandspresse aufgegriffen wird, ist es mir lieber, daß Ihr Ministerium angegriffen wird, als daß ich der Feigheit bezichtigt werde. (Salomon 1983, S. 273)

Alice Salomon erhielt letztlich doch noch die Genehmigung für die Veröffentlichung der *Heroischen Frauen*.

In den Jahren 1936/37 unternahm Alice Salomon eine viermonatige Vortragsreise durch die USA. Als sie nach Berlin zurückkehrte, wurde sie zur Gestapo einbestellt und über ihre Auslandsreisen ausgefragt. Nach einem vier Stunden dauernden Verhör erhielt sie den Befehl, Deutschland innerhalb von drei Wochen zu verlassen, ansonsten drohe ihr die Einweisung in ein »Schulungslager«. Alice Salomons Reisen ins Ausland wurden als Begründung für die Ausweisung angegeben, »doch nach weiteren Gründen brauchen wir nicht lange zu suchen: ihre jüdische Herkunft, ihr Engagement in der Bekennenden Kirche, ihre Kritik am Sozialdarwinismus, ihr Wirken als Intellektuelle und Feministin und ihr Pazifismus, der sich in der Tat im Bestreben um internationale Zusammenarbeit widerspiegelte« (Wieler 1989, S. 318).

Bevor Alice Salomon Deutschland für immer verließ, schrieb sie noch einen Abschiedsbrief an die ihr treugebliebenen Freunde, da es ihr unmöglich war, sich von der großen Zahl von Menschen, die ihr viel bedeuteten, zu verabschieden. Mit Bedacht ging sie an die Verteilung des vervielfältigten Briefes:

> Verschiedene Leute warnten mich, ich solle den Brief nicht mit der Post schicken, weil das die Adressaten gefährden würde. Sie rieten mir, die Methode der Bekennenden Kirche anzuwenden – die Briefe mit dem Auto auszuliefern und eine zweite Person bei mir zu haben, die sie in die Kästen werfen und weiterfahren sollte, bevor die Briefe entdeckt wurden. Ein Freund versprach, dies für mich zu erledigen, und ich bat meine Sekretärin, die Briefe in der Reihenfolge ihrer Auslieferung zu sortieren und ihn zu begleiten. Am nächsten Morgen erklärte sie: »Ich habe die Briefe geordnet, aber ich werde nicht im Auto fahren. Anhand der Karte habe ich gesehen, daß so viel hin- und herfahren nötig ist, daß es sicher Aufmerksamkeit erregen wird.« Aber der junge Mann tat es trotzdem. (Salomon 1983, S. 304)

Zumindest ein »Rundbrief« wurde mit der Post abgesandt. Dieser ging an Pauline Gräfin Montgelas, nach Bergen bei Traunstein. Darin stand:

Gräfin Pauline
Montgelas

Alice Salomons Abschiedsbrief vor ihrer Emigration 1937
an ihre Freunde.

Ich sage Ihnen schriftlich Lebewohl. Wenn dies in Ihre Hände kommt, habe ich Deutschland für immer verlassen. Aber ich gehe nicht ohne Abschiedswort.

Es ist mir offiziell mitgeteilt worden, dass "Juden" - also in meinem Fall Christen jüdischen Blutes - die sich oft und lange im Ausland aufhalten, zur Vermeidung der Überweisung in ein Schulungslager, auszuwandern haben, und es sind mir 3 Wochen Zeit für die Liquidierung meines Lebens in Deutschland belassen worden.

Ich gehe zunächst zu den englischen Freunden und werde versuchen, bis zum Herbst ein Einwanderungsvisum für die Vereinigten Staaten zu erhalten.

Ihr alle wißt, dass ich nie etwas getan habe, was Deutschland schaden kann.

Ihr wißt, dass ich schon vor Antritt meiner Amerikareise den amerikanischen Freunden geschrieben habe, dass ich weder öffentlich noch unoffiziell über Deutschland reden werde, einerseits, weil ich nicht mehr befugt bin, deutsche Kulturbelange zu vertreten und andererseits weil ich nichts Nachteiliges über das Land, in dem meine Familie 225 Jahre gelebt hat, aussprechen kann.

Ihr wißt, dass ich immer unerschütterlich an den Sieg des Guten in der menschlichen Natur geglaubt und dafür gelebt habe. Ich werde das alles auch weiter so halten "nach dem Gesetz, nach dem ich angetreten".

Ich habe aus meiner christlichen Glaubenskraft alle Schicksale meines Lebens demütig aus Gottes Hand genommen. Ich nehme auch diese neue Wendung in der Gewißheit hin, dass denen, die Gott lieben, alle Dinge zum Besten dienen. So bin ich denn geneigt, auch die Anordnung zur plötzlichen Auswanderung als eine irdische Manifestation des göttlichen Willens zu deuten.

Ich gehe in ein Leben des Kampfes ums Brot - aber guten Mutes und in froher Zuversicht - völlig ungebrochen in geistiger und sittlicher Kraft, in meinem Wertgefühl, das nicht von außen beeinträchtigt werden kann. Das Eine, wozu meine Kraft nicht reicht, ist zum persönlichen Abschiednehmen. Ihr werdet das verstehen. Ich bitte Euch, mir auch vorläufig nicht zu schreiben. Später, sobald ich weiß, wo ich bleibe, könnt Ihr durch meine engeren Freunde meine Adresse erfahren.

Ich bleibe auch in der Ferne die Eure. Immer in Leiden wie auch in Freuden!

Alice.

Getreu Alice

Quelle: Ida-Seele-Archiv; Akte: Pauline Gräfin Montgelas, Nr. 1/2/3

Über England emigrierte Alice Salomon in die USA. Ende September 1937 traf sie in New York mit der »Berengaria« (einen ehemaligen Flaggschiff der Wilhelminischen Hochseeflotte) ein. Ein hartes Leben erwartete sie, das von Joachim Wieler spannend und zugleich einfühlsam beschrieben wird (vgl. Wieler 1987, S. 190 ff.). Im ersten Jahr ihres Exils ist Alice Salomon »bitterlich einsam« gewesen (Wieler 1987, S. 411). Sie mußte lange Zeit in Heimen, Hotels und Provisorien verbringen, bis sie eine akzeptable Wohnung fand. Nur äußerst schwer fand sich die alternde Alice Salomon in der »Neuen Welt« zurecht. Wieler vermerkt über ihr Leben in den USA:

> Obgleich Alice Salomon 65 Jahre alt war, hatte sie gehofft, ihren Lebensunterhalt weiterhin bestreiten zu können. Diese Hoffnungen waren berechtigt, denn sie hatte wiederholt Vortragsreisen durch die USA unternommen, und es waren ihr Versprechungen gemacht worden. Leider verloren sie in dem Augenblick an Gewicht, als feststand, daß sie nicht mehr als Gast, sondern als Flüchtling einreisen würde. Sie suchte verzweifelt nach Arbeit, hielt gelegentlich auch Vorträge, schrieb Aufsätze und beendete ihre Memoiren, fand aber keinen Verleger dafür. Sie war dankbar für die Aufnahme, wurde von Freunden/-innen finanziell unterstützt, aber sie gehörte auch zu jenen, die schon vor dem Krieg in die »Fünfte Kolonne« eingereiht

Philosophische Fakultät
der
Universität Berlin

Berlin, den 24. April 1939

Durch Beschluß der Universität Berlin vom 18. April 1939 wurde der

A l i c e S a l o m o n,

geboren am 19. April 1872 in Berlin, promoviert am 14. Juli 1906, der Dr. Titel entzogen.

Quelle: Archiv der Humboldt-Universität zu Berlin, Phil. Fak. 415

Salomon

Zuname: .... **Salomon**

Vorname: .... **Alice**

Geboren am: **19. 4. 1872**

in: .... **Berlin**

Beruf: .... **Dr. phil.**

Letzter inländ. Wohnsitz: **Berlin, Luitpoldstr. 20**

Der deutschen Staatsangehörigkeit für verlustig erklärt durch Bekanntmachung vom 25.1.1939, veröffentlicht in der Nr. 24 des Deutschen Reichsanzeigers und Preußischen Staatsanzeigers vom 28.1.1939.

Quelle: Ida-Seele-Archiv; Akte: Alice Salomon, Nr. 1/2/3/4

Dr. Heinrich Bruening
Lowell House E 11
Harverd University
Cambride 38, Massaschusetts
22. Maerz 1946

Frl.
Dr. Alice Salomon
33o E 79th Str.
New York

Sehr geehrtes Fraeulein Doktor:

Ich habe mich sehr gefreut, von Ihnen zu hoeren. Die entsetzliche Lage in Deutschland ist mir wohl bekannt und war vorrauszusehen. Leider ist noch nicht genuegendes Verstaendnis dafuer im Auslande vorhanden.

Zu meinem grossen Bedauern konnte ich Ihren Brief nicht sofort beantworten, da ich laengere Zeit krank war. Ich wuerde Ihnen sehr gern wieder helfen mit einem Darlehen. Leider bin ich dazu selbst nicht mehr in der Lage. Ich habe in den letzten Monaten viel ausgeben muessen fuer die Witwen und Waisen vieler der Opfer vom 2o. Juli 1944 und musste ausserdem meiner Schwester helfen, die alles verloren hat und die ihre Hypothekenzinsen nicht mehr erhaelt da die Haeuser zerstoert sind. Ich will mich aber gern bemuehen, jemand zu finden, der Ihnen einen groesseren Geldbetrag leihen koennte.

Ich hoffe, es geht Ihnen gesundheitlich gut und verbleibe mit freundlichen Gruessen

Ihr sehr ergebener

H. Brüning

Heinrich Bruening

Quelle: Ida-Seele-Archiv; Akte: Alice Salomon, Nr. 1/2/3/4

> wurden und die dann während des Krieges nach der offiziell geltenden Terminologie in den USA zu den »ausländischen Feinden« (Alien enemies) zählten. (Wieler 1989, S. 319)

Die Nazi-Verwaltungen entzogen Alice Salomon 1939 die Doktorwürde und die deutsche Staatsangehörigkeit. Nach fünfjähriger Staatenlosigkeit wurde Alice Salomon dann 1944 Bürgerin der USA.

Alice Salomons Ersparnisse schmolzen dahin, und sie geriet immer mehr in finanzielle Bedrängnis, so daß sie ihr bekannte Persönlichkeiten, z.B. den ehemaligen Reichskanzler (1930–1932) Heinrich Brüning, um Darlehen bitten mußte. Dies war für sie sicher entwürdigend, zumal sie ja in Deutschland finanzielle Sicherheit gewohnt war und sich eine Haushälterin und Sekretärin leisten konnte. Auch mußte sie in ihre Wohnung Untermieter aufnehmen, um finanziell überleben zu können.

Hertha Kraus, die ebenfalls wegen ihrer jüdischen Abstammung in die USA emigrieren mußte, und die, wie aus den Unterlagen des Ida-Seele-Archivs hervorgeht, eine kritische Beziehung zu Alice Salomon hatte, vermerkte in ihren unveröffentlichten autobiographischen Notizen:

> Alice Salomon fand kaum Kontakt zur amerikanischen Sozialarbeit, trotz meiner guten Beziehungen und intensiven Bemühungen ihr einen Weg zu eröffnen. Sie kränkelte, war wenig gesellig und setzte sich nicht mit ihrem Umfeld auseinander... Sie hatte die Vertreibung aus Deutschland nie überwunden und war darüber sehr verbittert. Daß man ihr die Doktorwürde und die deutsche Staatsangehörigkeit entzog, war für sie wohl die größte Entwürdigung und Entehrung... Ebenso vergrämte sie sehr, daß sie von ihren deutschen Freunden vergessen wurde, aber auch, daß sie in den USA nur ein Newcomer und nicht die international bekannte Sozialarbeiterin und »Frauenrechtlerin« war. (Ida-Seele-Archiv; Akte: Hertha Kraus, Nr. 1/2)

Nach Ende des Zweiten Weltkrieges und der Nazi-Gewaltherrschaft kehrte Alice Salomon nicht mehr nach Deutschland zurück. Diesbezüglich schrieb sie an ihre Freundin Pauline Gräfin Montgelas im Juni 1946:

> Liebste Pauline,
> ...
> Danke auch für Ihre Einladung. Ich habe nicht vor, wieder zurückzukehren... Ich habe in Deutschland kaum noch Freunde, und Verwandte von mir sind vor Jahren deportiert worden und werden nicht mehr leben... Ich bin am Ende meiner Kräfte und völlig verausgabt. Die weite Reise von Amerika nach Deutschland würde ich nicht überstehen... Ich fühle mich einsam und habe eine gesteigerte Sehnsucht nach Deutschland. Sorgen Sie sich nicht um mich, liebe Gräfin. Es wird schon weitergehen. Ich danke Ihnen für Ihre langjährige Liebe.
> Ihre
> Alice
> (Ida-Seele-Archiv; Akte: Pauline Gräfin Montgelas, Nr. 1/2/3)

Isa Gruner, Sozialarbeiterin und Freundin Alice Salomons und eine der ersten deutschen Sozialarbeiterinnen, die zu einem Kongreß in die USA eingeladen wurde, besuchte Alice Salomon wenige Monate vor ihrem Tode. Von diesem Besuch berichtete Isa Gruner mit einfühlsamen Worten:

> Sie wohnte in New York und hatte in einem Appartment-House eine schöne Zweizimmerwohnung. Als sie mir die Tür öffnete, erschrak ich. So zart und elend, so blaß sah sie aus. Und wenn wir auch immer diesen überaus schlanken Körper gewohnt waren, der so wunderbar von ihrem Geist und ihrer Seele bewältigt wurde, so war es mir doch in diesem Augenblick des Wiedersehens, als sei sie schon vom Tode gezeichnet. Aber ihre hohe Gestalt hatte noch die gleiche fürstliche, souveräne Haltung, die wir immer an ihr kannten, die sie nie verlor, da sie wesenhaft zu ihr gehörte. Ja, die sie nie verlor, selbst in dem Augenblick nicht, da der tiefste und schmerzlichste Schlag ihres Lebens sie im Zentrum traf, da sie aus Deutschland ausgewiesen wurde...

> Als ich mich zum Gehen bereit machte, setzte sich Alice Salomon an ihren großen Schreibtisch vor dem breiten Fenster und sagte: «Ich möchte Ihnen ein Wort mit auf Ihren Weg geben und wünsche Ihnen, daß es sich auf Ihrer Reise verwirklichen möge.« Und mit ihrer großzügigen Handschrift, die schon ein wenig unsicher geworden war, schrieb sie auf eine Nummer ihrer Kirchenzeitung das Wort:
> »Und Liebe, die führt mich und ging mir zur Hand,
> so ward mir zur Heimat das fernste Land.«
> (zit. nach Peyser 1958, S. 120)

Alice Salomon starb einsam und verlassen am 29. oder 30. August 1948 in New York. Sie war in der Sommerhitze von einem Erholungsaufenthalt in ihre Wohnung zurückgekehrt und dort einem Herzschlag erlegen. Die Tür zu ihrer Wohnung mußte aufgebrochen werden. Obwohl ihr Begräbnis angekündigt worden war, begleiteten nicht mehr als vier oder fünf Trauergäste die Verstorbene auf dem Weg zur letzten Ruhestätte. Ohne Begräbnisfeier wurde Alice Salomon auf einem Friedhof in Brooklyn beigesetzt.

Was Dora Peyser vor vierzig Jahren schrieb, möchte ich hier zum Abschluß wiedergeben:

> Alice Salomon liegt im Ausland begraben. Die lebendige Kraft der Erinnerung allein kann für sie vollbringen, was ihr im Leben nicht mehr beschieden war und was sie wahrhaft glücklich gemacht hätte: *eine geistige Heimkehr.* (Peyser 1958, S. 121)

Möge vorliegendes Buch einen Beitrag zur »geistigen Heimkehr« Alice Salomons leisten.

Evergreens Cemetery, Brooklyn, New York
Privatbesitz: Joachim Wieler/Alice Salomon Archiv der ASFH Berlin

Würdigungen

Am 30. August 1948 ist Alice Salomon einsam in New York gestorben. Wer kennt sie heute noch? In den ersten drei Jahrzehnten dieses Jahrhunderts hatte ihr Name in Deutschland – und weit darüber hinaus – einen guten Klang. Die Geschichte der sozialen Arbeit bei uns wäre anders verlaufen ohne die gestaltende Kraft dieser bedeutenden Frau. Sie war ganz ein Kind ihrer Zeit, dem wohlhabenden Berliner Bürgertum – einer jüdischen Familie – entstammend. Ihre schöpferische Lebensleistung beruhte nicht eigentlich auf genialer Inspiration, sondern auf der Wachheit eines klugen Geistes und eines lebendigen Herzens für die Aufgaben, die die soziale Not stellte, und der Bereitschaft des vollen persönlichen Einsatzes für die Sache, die sie mit anderen als die Sache der Frauen empfand. Die Erkenntnis der Aufgaben aber führte sie dann weiter zur Erfassung der notwendigen Voraussetzungen für ihre sachgemäße Erfüllung und damit zur Gründung der Sozialen Frauenschule und schließlich zu ihrer Weiterentwicklung in der Akademie für soziale und pädagogische Frauenarbeit. In kaum einem anderen deutschen Frauenleben läßt sich die enge Verflechtung von sozialem Helferwillen mit der politischen und geistigen Verselbständigung der Frauen so deutlich erkennen wie bei ihr. Was sie aber vor vielen anderen sozial tätigen Frauen auszeichnete, war die unbeirrte Konsequenz ihres Wirkens. Einen »Verwirklicher« hat man sie genannt. Die elastische und nie erlahmende Energie, die dieser gesundheitlich immer zarten, etwas überkultiviert wirkenden Frau eigen war, scheint mir mindestens ebenso bestimmend für ihr Wirken gewesen zu sein, wie die ethisch-religiöse Beschwingtheit, mit der sie die soziale Arbeit zu begründen pflegte und die gewiß auch einen ihrer Wesenszüge bildete. (Blochmann 1959, S. 528)

In diesen Monaten des Gedenkens und des Abschiednehmens von Frauen, die Führerinnen auf den Gebieten der sozialpädagogischen und der sozialen Frauenarbeit gewesen sind, taucht wohl häufiger als sonst im Alltag des Arbeitslebens die lebenerfüllte und leidvolle Erinnerung auf an Alice Salomon, deren Wesen und Wirken mit der Entwicklung der sozialen Arbeit und der sozialen Berufe in Deutschland untrennbar verbunden ist. Unvergeßlich wird allen, die daran teilgenommen haben, die Feier ihres 60. Geburtstages im Jahr 1932 sein, der einen letzten Höhepunkt in ihrem Leben bedeutete. Hinter ihr lag an diesem Tage ein Leben, das ihr, nach schwerem Ringen um ein sinnerfülltes Dasein, die Möglichkeiten geschenkt hatte, sich voll ihrer Eigenart gemäß zu entwickeln, Großes für andere zu leisten, im wachsenden Umfang Einfluß zu gewinnen im Bereich der deutschen und der internationalen Frauenarbeit; vor ihr, noch verborgen in seiner ganzen Tragik, ein Weg durch bitterste Enttäuschungen, die Verbannung aus ihrem Heimatland und ein einsamer Tod...

Sie war groß im Großen, das beweist das, was sie geschaffen hat; aber sie lebte auch das sehr viel Schwerere und Entsagungsvollere: das Getreusein im Kleinen und Geringfügigen, in den scheinbar so unwesentlichen Einzelheiten des Alltags, aus denen sich die Verwirklichung großer Ideen ebenso notwendig zusammensetzt, wie der Werktag jedes Durchschnittsmenschen. Fleiß und Willenskraft hat sie sich nie als Verdienst angerechnet, die sah sie als ihr gegeben und damit aufgegeben an. Aber eines, dessen war sie sich bewußt, muß man dem Gegebenen hinzufügen, muß man sich abringen, »einem erschöpften Körper, einem ermüdeten Geist, einer enttäuschten Seele. Und das ist, daß man sich nie, weder mit einem Mißerfolg noch mit einem Erfolg zufrieden geben, daß man sich nicht damit beruhigen darf. Einen Mißerfolg soll man nie hinnehmen, ohne zu versuchen, ihn umzubiegen. Aber noch weniger darf man sich mit einem Erfolg beruhigt schlafen legen. ... Immer muß man auf der Wacht sein.« (Dietrich 1954, S. 433ff.)

Mit ihrem pionierhaften Vorstoß hat Alice Salomon für die Sozialarbeit eine Entwicklung eingeleitet, die sich bis heute auswirkt. Wenn heute auch neue Probleme ganz neue Vorstöße und Lösungen fordern, so bleibt dabei doch das Wirken dieser Frau unvergessen, und ein Beispiel dafür, daß sich mit Mut und Ausdauer gerade in der Arbeit mit und am Menschen Lösungen finden lassen, – selbst wenn die Verwirklichung solcher Lösungen Jahre in Anspruch nimmt. (Winzler 1959, S. 67)

Alice Salomon auf der 5 DM-Briefmarke der Dauerserie der Deutschen Bundespost über »Bedeutende Frauen«

Lebensdaten

1872 Alice Salomon am 19. April in Berlin geboren

1886 Tod des Vaters

1887 Beendigung der Schulbildung und Beginn eines unglücklichen Jungmädchendaseins

1893 Mitgliedschaft in den von Jeanette Schwerin mitbegründeten »Mädchen- und Frauengruppen für soziale Hilfsarbeit«

1899 Vorsitzende der »Mädchen- und Frauengruppen für soziale Hilfsarbeit« und Leiterin des ersten Jahreskurses zur Ausbildung für ehrenamtliche Berufsarbeit in der Wohlfahrtspflege

1900 jüngstes Mitglied im Vorstand des Bundes Deutscher Frauenvereine

1902 Studium der Nationalökonomie an der »Königlichen Friedrich-Wilhelms-Universität« zu Berlin

1906 Abschluß des Studium mit der Promotion zum Dr. phil. Thema ihrer Dissertation: »Über die Bestimmungsgründe der ungleichen Entlohnung gleicher Leistungen für Männer und Frauen«

1908 Eröffnung der reichsweit ersten interkonfessionellen Sozialen Frauenschule in Berlin

1909 ehrenamtliche Schriftführerin im »International Council of Women«

1914 Konversion zum evgl. luth. Glauben; Tod der Mutter

1917 Vorsitzende der von Alice Salomon ins Leben gerufenen »Konferenz Sozialer Frauenschulen Deutschlands«

1920 Rücktritt aus dem Vorstand des Bundes Deutscher Frauenvereine

1925 Gründung der »Deutschen Akademie für soziale und pädagogische Frauenarbeit«

1926 Veröffentlichung von Alice Salomons erster Autobiographie: »Jugend- und Arbeitserinnerungen« (2. Aufl. 1928)

1929 Gründung des »Internationalen Komitees Sozialer Schulen« und Wahl zu dessen erster Vorsitzenden

1932 Alice Salomon wird anläßlich ihres 60. Geburtstages vielfach geehrt: Ehrendoktorwürde der Medizin; Silberne Staatsmedaille für ihre Verdienste um die Volkswohlfahrt; die Soziale Frauenschule wird nach ihr benannt

1933 Verlust aller öffentlichen Ämter, Selbstauflösung der »Deutschen Akademie für soziale und pädagogische Frauenarbeit«

1937 Ausweisung aus Deutschland und Emigration in die USA

1939 Aberkennung der deutschen Staatsangehörigkeit und Entzug der Doktorwürde

1942 Würdigung zum 70. Geburtstag in den USA

1944 Erwerb der amerikanischen Staatsbürgerschaft

1948 Alice Salomon stirbt am 29. oder 30. August in New York

1958 erscheint: »Alice Salomon. Die Begründerin des sozialen Frauenberufs in Deutschland« von D. Peyser

1983 wird ihre in Amerika verfaßte zweite Autobiographie herausgegeben

1993 wird die Berliner Fachhochschule für Sozialarbeit und Sozialpädagogik nach Alice Salomon benannt

1997 am 18. März wird die Aberkennung des Doktortitels von der Humboldt-Universität Berlin (vormals Friedrich-Wilhelm-Universität) für ungültig erklärt

1998 anläßlich des 50. Todesjahres: 30. Januar bis 1. Februar Alice-Salomon-Symposion in der Alice-Salomon-Fachhochschule Berlin; 6. bis 8. September Symposion des Ida-Seele-Archivs in Dillingen/Donau: »Alice Salomon und ihr Beitrag zur nationalen und internationalen Dimension der Sozialarbeit«

2008 anläßlich des 100-jährigen Jubiläums der von Alice Salomon gegründeten Sozialen Frauenschule Berlin-Schöneberg erscheinen im Brandes & Apsel Verlag die Lebenserinnerungen Alice Salomons erstmals in ungekürzter Form, herausgegeben von der Alice Salomon Hochschule Berlin.

Literaturverzeichnis

1. Primärliteratur Alice Salomon (in Auswahl)

»Die Frau in der sozialen Hilfsthätigkeit«, in: Lange, H./Bäumer, G. (Hrsg.): *Handbuch der Frauenbewegung. II. Teil: Frauenbewegung und Frauenthätigkeit in Deutschland nach Einzelgebieten,* Berlin 1901

»Sozialdemokratie und Frauenbewegung«, in: *Die Frau,* 1904/ H. 2

»Die Entfaltung der Persönlichkeit und die sozialen Pflichten der Frau«, in: *Die Frau,* 1905/H. 12

Die Ursache der ungleichen Entlohnung von Männer- und Frauenarbeit, Berlin 1906

»Zur Eröffnung der sozialen Frauenschule«, in: *Die Frau,* 1908/H. 2

Einführung in die Volkswirtschaftslehre, Leipzig 1909

Was wir uns und anderen schuldig sind. Gesammelte Aufsätze, Berlin 1912

Zwanzig Jahre Soziale Hilfsarbeit, Karlsruhe 1913

»Die Bedeutung der sozialen Berufsarbeit«, in: *Concordia,* 1916/H. 21

Soziale Frauenbildung und soziale Berufsarbeit, Leipzig 1917

Von Kriegsnot und -hilfe und der Jugend Zukunft, Leipzig 1916

Die deutsche Frau und ihre Aufgaben im neuen Volksstaat, Leipzig 1919

»Soziale Berufsausbildung für Arbeiterinnen«, in: *Soziale Praxis*, 1920/H. 15

»Die sittlichen Grundlagen und Ziele der Wohlfahrtspflege«, in: *Soziale Berufsarbeit*, 1921/H. 11

Leitfaden der Wohlfahrtspflege, Leipzig 1921

»Amerikanische Methoden der Ausbildung für Wohlfahrtspflege«, in: *Die Fürsorge*, 1925/H.2

Soziale Diagnose, Berlin 1926

»Die Idee einer Hochschule für Frauen«, in: *Die Erziehung*, 1926/H. 4

Die Ausbildung zum sozialen Beruf, Leipzig 1927

»Jugend- und Arbeitserinnerungen«, in: Kern, E. (Hrsg.): *Führende Frauen Europas,* München 1928

Leitfaden zur Wohlfahrtspflege, Leipzig 1928

»Typenwandel der Sozialbeamtinnen und Struktur des sozialen Berufs«, in: *Freie Wohlfahrtspflege*, 1930/H. 1

»Die Berufslage der Sozialbeamtinnen«, in: *Die Frau,* 1931/H. 3

Soziale Führer, ihr Leben, ihre Lehren, ihre Werke, Leipzig 1932

Heroische Frauen. Lebensbilder sozialer Führerinnen, Zürich 1936

Education for Social Work. A. Sociological Interpretation Based on an International Survey, Zürich 1937

Charakter ist Schicksal. Lebenserinnerungen, Weinheim 1983

Lebenserinnerungen. Jugendjahre • Sozialreform • Frauenbewegung • Exil, Frankfurt am Main 2008 (ungekürzte Ausgabe von *Charakter ist Schicksal*)

2. Sekundärliteratur

Altheimer K.: *Die »Deutsche Akademie für soziale und pädagogische Frauenarbeit« – dargestellt an vermeintlich verschollenen Dokumenten,* München, 1997 (unveröffentlichte Diplomarbeit)

Bäumer, G.: »Alice Salomon zum sechzigsten Geburtstag«, in: *Die Frau*, 1932/H. 7

Berger, M.: »Wer war Alice Salomon?«, in: *Unsere Jugend,* 1990/H. 9

Blochmann, E.: »Alice Salomon«, in: *Die Sammlung,* 1959/H. 10

Dietrich, Ch.: »Alice Salomon«, in: *Mädchenbildung und Frauenschaffen,* 1954/ H. 10

Droescher, L.: »Die soziale Frauenschule«, in: *Die Frau*, 1908/H. 2

Dürkop, M.: »Erscheinungsformen des Antisemitismus im Bund Deutscher Frauenvereine«, in: *Feministische Studien*, 3, 1984/Nr. 1

Fassmann, J. M.: *Jüdinnen in der deutschen Frauenbewegung 1865–1919*, Hildesheim 1996

Feustel, A. (Hrsg.): Alice Salomon. Ausgewählte Schriften in drei Bänden, Neuwied/Berlin 1997-2004

Feustel, A./Koch, G.: *100 Jahre soziales Lehren und Lernen. Von der sozialen Frauenschule zur Alice Salomon Hochschule*, Berlin 2008

Fischer, R.: *Alice Salomon und ihr Beitrag für die Sozialarbeit*, München 1987 (unveröffentlichte Diplomarbeit)

Fritsche, A.: *Alice Salomon und ihr Beitrag zur internationalen Dimension der sozialen Arbeit als Beruf*, Ulm 1996 (unveröffentliche Diplomarbeit)

Hecker, M.: »Sozialpädagogische Forschung: Der Beitrag der Deutschen Akademie für soziale und pädagogische Frauenarbeit«, in: *Soziale Arbeit*, 1984/H. 4

Kenner, A.: »Historische Frauenporträts in der Präsidialetage – biographische Skizzen zu Alice Salomon, Paula Hertwig und Liselotte Herrmann«, in: Zentrum für interdisziplinäre Frauenforschung und der Frauenbeauftragte der Humboldt-Universität (Hrsg.): *Zur Geschichte des Frauenstudiums und weiblicher Berufskarrieren an der Berliner Universität*, Berlin 1995

Kuhlmann, C.: Alice Salomon. Ihr Lebenswerk als Beitrag zur Entwicklung der Theorie und Praxis Sozialer Arbeit, Weinheim 2000

Lange, U.: »Alice Salomon (1872–1948)«, in: Kleinau, E./Mayer, Ch. (Hrsg.): *Er-*

ziehung und Bildung des weiblichen Geschlechts. Eine kommentierte Quellensammlung zur Bildungs- und Berufsgeschichte von Mädchen und Frauen, Band 2, Weinheim 1996

Landwehr, R.: *Alice Salomon und ihre Bedeutung für die soziale Arbeit*, Berlin 1981

Muthesius, H. (Hrsg.): *Alice Salomon. Die Begründerin des sozialen Frauenberufs in Deutschland. Ihr Leben und Werk,* Köln 1958

Müller, C. W.: *Wie Helfen zum Beruf wurde*. Bd. 1, Weinheim 1986

Orywa, R./Dröge, A.: *Alice Salomon in ihren Schriften*, Berlin 1989

Peyser, D.: »Alice Salomon. Ein Lebensbild«, in: Muthesius, H. (Hrsg.): *Alice Salomon. Die Begründerin des sozialen Frauenberufs in Deutschland. Ihr Leben und Werk*, Köln 1958

Ries, H.: *Geschichte des Gedankens der Frauenhochschulbildung in Deutschland*, Münster 1927

Sachße, Ch.: »Berufsgeschichte und Berufsidentität«, in: Rauschenbach, Th./Ortmann, F./Karsten, M.-E. (Hrsg.): *Der sozialpädagogische Blick*, München 1993

Schmücker, E.: *Frauen in sozialer Verantwortung*, Paderborn 1962

Schüler, A.: Frauenbewegung und soziale Reform. Jane Addams und Alice Salomon im transatlantischen Dialog 1889-1933, Stuttgart 2004

Simmel, M.: »Alice Salomon. Vom Dienst der bürgerlichen Frau am Volksganzen«, in: Sachße, Ch./Tennstedt, F. (Hrsg.): *Jahrbuch der Sozialarbeit, 4*, Reinbek 1981

Skipa, E.-G.: »Alice Salomon«, in: Schmoldt, B. (Hrsg.): *Pädagogen in Berlin*, Baltmannsweiler 1991

Wage, F.: »Frauenbewegung und Frauennasführung?«, in: *Hammer*, 1913/Nr. 275

Wieler, J.: *Er-Innerung eines zerstörten Lebensabends. Alice Salomon während der NS-Zeit (1933–1937) und im Exil (1937–1948)*, Darmstadt 1987

ders.: »Emigrierte Sozialarbeit nach 1933. Berufskolleginnen und -kollegen als politische Flüchtlinge«, in: Sünker, H.-U. (Hrsg.): *Soziale Arbeit und Faschismus*, Frankfurt am Main 1989

Winzler, Ch.: »Alice Salomon«, in: *Sozialpädagogik,* 1959/H. 2

Zeller, S.: »Alice Salomon, die Gründerin der sozialen Frauenschule«, in: Brehmer, I./Ehrich, K. (Hrsg.): *Mütterlichkeit als Profession? Lebensläufe deutscher Pädagoginnen in der ersten Hälfte dieses Jahrhunderts*, Bd. 1, Pfaffenweiler 1990

Archive

Ida-Seele-Archiv zur Erforschung der Geschichte des Kindergartens und der Sozialarbeit/-pädagogik, 89407 Dillingen/Donau

Archiv der Humboldt-Universität zu Berlin, 10099 Berlin